Martin Odermatt

Faszination Erinnerung

Erinnerung als Lebenssinn im Alter

Herausgegeben von Susanne Cornu

EDITION **N Z N**
BEI **T V Z**

Theologischer Verlag

Die Deutsche Bibliothek – Bibliografische Einheitsaufnahme
Die Deutsche Bibliothek verzeichnet diese Publikation in der
Deutschen Nationalbibliografie; detaillierte bibliografische
Daten sind im Internet über <http://dnb.ddb.de> abrufbar.

ISBN 978-3-290-20049-7

Umschlaggestaltung: Simone Ackermann, Zürich
Umschlagbild: Afrikanische Skulptur aus dem Besitz
von Martin Odermatt, © Franz Mazenauer
Satz: Claudia Wild, Stuttgart
Druck: ROSCH-BUCH GmbH, Scheßlitz

© 2008 Theologischer Verlag Zürich
www.tvz-verlag.ch

Inhaltsübersicht

Für meine Tochter Martina

.

Vorwort

Bereits im Jahre 1999 wurde der Grundstein für das nun vorliegende Buch gelegt. Die Paulus Akademie fragte Martin Odermatt für einen Vortrag zum Thema «Erinnerung als Lebenssinn im Alter» an. Den ersten Vortrag darüber hielt er allerdings in Lenzburg und dorthin durfte ich ihn begleiten. Noch während seiner Ausführungen wurde mir schlagartig bewusst, welche Auswirkung seine faszinierenden Gedankengänge zur Erinnerung als Lebenssinn im Alter auf meine tägliche Arbeit als Pflegedienstleitung eines Alterszentrums haben würde und diese Gedankengänge liessen mich in der Folge nicht mehr los. Eine sechzehnseitige Schrift, welche er später für die Paulus Akademie verfasste, trug den Titel «Erinnerung als Lebenssinn. Die Neuentdeckung der eigenen Geschichte und die schöpferische Rückschau auf die Um- und Irrwege des Lebens im Alter». Er überliess mir damals seine Ausführungen, damit ich meinem Pflegepersonal und später auch den freiwilligen Helferinnen und Helfern unserer Institution die Bedeutung der Erinnerungsarbeit nahebringen und ihnen aufzeigen konnte, wie der Umgang mit den Erinnerungen unserer betagten Bewohner nicht nur auf das mehr oder weniger geduldige Zuhören der immer gleichen Geschichten reduziert, sondern zur schöpferischen, kreativen Rückschau auf das vergangene Leben werden kann.

In den folgenden zwei Jahren wurde Martin Odermatt von den verschiedensten Kreisen für Vorträge eingeladen. So auch von der Schule für Angewandte Gerontologie in Bern, wo er bald einmal regulärer Gastdozent wurde. Dort weitete er das Thema bereits zu ganztägigen Seminarien aus. Gerade Institutionen, welche sich professionell mit dem alten Menschen beschäftigen, erkannten den Wert seiner differenzierten Überlegungen und der ganz praktischen Beispiele.

Das wachsende Interesse, auf welches seine Vorträge und Seminarien stiessen, weckte nach und nach die Idee, die ursprüngliche Schrift nicht nur zu erweitern, sondern ein Buch zu schreiben. Den Inhalt trug er längst mit sich herum.

Im Frühjahr 2001 erkrankte Martin Odermatt an Krebs und während Monaten musste er dieses Buchprojekt aus gesundheitlichen Gründen zurückstellen. Es liess ihn jedoch nie mehr los. Als seine Krebskrankheit ein Jahr später erneut und ohne Hoffnung auf Heilung ausbrach, verfasste er dieses Buch, schon sichtbar von der tödlichen Krankheit gezeichnet. Unermüdlich, mit wachem Geist und unglaublicher Energie brachte er sein Wissen und seine Gedanken zu Papier. Seine Kraft reichte aber nicht mehr aus, einen Verleger für sein Werk zu finden. Er starb am 5. März 2003. Kurz vor seinem Tod übergab er mir das Manuskript in der Hoffnung, dass ich dieses ihm so wichtige Werk eines Tages veröffentlichen würde. Damals wusste ich noch nicht, dass ein ganzes Kapitel über Gedächtnistäuschungen und Erinnerung nur stichwortartig formuliert war. Obwohl es mir ein grosses Anliegen war, dass das Buch sein Buch bleibt, sind der Verlag und ich übereingekommen, dieses Kapitel ganz zu streichen. Dies war insofern vertretbar, da sich Martin Odermatts Standpunkt in Bezug auf Gedächtnistäuschungen weitgehend mit jenem von Daniel Schacter in dessen Buch «Wir sind Erinnerung» deckt, sodass wir den Leser getrost auf diese Publikation verweisen können.

Das Bild einer afrikanischen Skulptur ziert den Bucheinband. Das mag auf den ersten Blick verwundern. Diese

Skulptur war für Martin Odermatt jedoch ein Symbol für eine kraftvolle Rückschau in die Vergangenheit mit zielgerichtetem Schritt in die Zukunft. Sie zeigt den Menschen als überzeitliches Wesen, das in der Vergangenheit, in der Zukunft und in der Gegenwart lebt. Martin Odermatt besass diese Figur seit langem. Im Buch wird davon noch die Rede sein.

Für Martin Odermatt war die Auseinandersetzung mit Erinnerung keineswegs nur Theorie. Er hielt an seinem Lebensende auf eindrucksvolle Art und Weise Rückschau auf die eigenen Um- und Irrwege seines Lebens, wie er das oft mit einem Augenzwinkern nannte. Und sozusagen als liebevolle, aber auch ernst gemeinte Aufforderung an seine Nächsten stand auf seiner von ihm selbst verfassten Todesanzeige: «Leben ist Erinnerung» und «Auch die traurige Erinnerung ist Leben».

Ich bin der Verlagsleiterin der Edition NZN bei TVZ, Frau Marianne Stauffacher, zu grossem Dank verpflichtet. Sie ist das Wagnis eingegangen, auch noch das zweite Buch von Martin Odermatt, fünf Jahre nach seinem Tod, in ihrem Verlag erscheinen zu lassen. Die Zusammenarbeit mit der Lektorin, Frau Corinne Auf der Maur, habe ich äusserst wertvoll und bereichernd erlebt. Mit Sachverstand und viel Einfühlungsvermögen ist sie die nicht einfache Aufgabe angegangen und hat dazu beigetragen, dass dabei die Erinnerung an Martin Odermatt von neuem lebendig werden konnte. Der röm.-kath. Zentralkommission des Kantons Zürich danke ich herzlich für den grosszügigen Druckkostenzuschuss.

Männedorf, im Februar 2008   Susanne Cornu

Einleitung

In den vergangenen Jahrzehnten ist viel wissenschaftliche Arbeit in die Erforschung des Gedächtnisses investiert worden, und die zahlreichen Studien und Experimente haben zu wesentlichen neuen Erkenntnissen geführt. Im gleichen Zeitraum hat das Thema Erinnerung auch in einer breiten Öffentlichkeit grosse Beachtung gefunden. Das wachsende Interesse für die Gedächtnisforschung und die Bedeutung der Erinnerung im Leben des Einzelnen und der Gesellschaft hat verschiedene Gründe, und die anvisierten Ziele liegen weit auseinander.

Im Dienst von Leistung und Karriere

Wohl am augenfälligsten sind die zahlreichen Forschungsarbeiten und Publikationen, welche die Kenntnisse der Physiologie und Psychologie des Gedächtnisses in den Dienst der aktuellen Marktbedürfnisse stellen. Die Verbesserung der Zuverlässigkeit und die Erhöhung der Kapazität des Gedächtnisses werden angestrebt und werbewirksam versprochen. Ein leistungsfähigeres Gedächtnis bedeutet bessere Karrierechancen in der Wettbewerbsgesellschaft. Im Blick ist weder ein vertieftes Verständnis des Menschen noch eine bessere Lebensqualität. Das Gedächtnis dient nicht der Sinnfindung im menschlichen Dasein. Es wird vielmehr als eines der effizienten Instrumente betrachtet, die angestrebten Ziele bezüglich Macht, Geld und Erfolg so rasch als möglich zu erreichen. Die optimierte Gedächtnisleistung wird gemessen an der Quantität und Schnelligkeit, mit der Informationen aufgenommen, gespeichert und wieder abgerufen werden können. Mitberücksichtigt wird dabei auch noch die

Fähigkeit, die Flut von Informationen so zu selektionieren, dass nur jene zurückbehalten werden, welche den aktuellen Leistungsanforderungen dienen, und Inhalte möglichst umgehend zu vergessen, die zur Bewältigung momentaner Aufgaben nicht mehr gebraucht werden. Das Interesse am menschlichen Gedächtnis ist einseitig pragmatisch; die Ergebnisse sind durchaus beeindruckend. Aber der Mensch wird mit dieser Einstellung dem Trend der Zeit untergeordnet, für den Leistung und Erfolg die dominierenden, wenn nicht einzigen Werte des Lebens darstellen.

Reaktion auf die höhere Lebenserwartung

Wir alle können und müssen damit rechnen, dass wir älter werden als unsere Vorfahren.

Diese Aussicht wird – nicht einfach zu Unrecht – von vielen Menschen auch als bedrohlich wahrgenommen. Nicht nur plakative Schreckvisionen, sondern auch sorgfältige Fachinformationen konfrontieren uns mit der Tatsache, dass zumindest gewisse Gedächtnisfunktionen mit zunehmendem Alter abnehmen. Die Möglichkeit einer Demenz oder einer Alzheimer-Erkrankung ist zu einer Horrorvision geworden. Schon in der Lebensmitte beginnen darum viele Zeitgenossen mit beträchtlicher Sorge jede Situation zu beobachten, die auf den Abbau des Gedächtnisses und zugrunde liegend den Abbau von Hirnfunktionen hinweisen könnte. Jedes Wort, das man nicht mehr findet, wird zur Beunruhigung; jeder Name, der einem bei einem Aperitif nicht mehr einfällt, erschreckt. «Alzheimer lässt grüssen!» Die makabere Redewendung versucht, die Angst zu kaschieren. Aber sie ist trotzdem da. Eine Flut von Büchern und Seminarien bietet den älter werdenden Menschen eine Menge von Tricks und Methoden an, die versprechen, die Gedächtniskapazität auch ins Alter hinein nicht nur zu erhalten, sondern noch zu steigern. Auch die Pharmaindustrie und die Produzenten alternativer Heilmittel verdanken dem Rummel ums Gedächtnis einen lukrativen Markt.

Traumatische Kindheitserlebnisse – Erwachsene erinnern sich

Die Gedächtnisforschung ist in den letzten Jahren auch durch Erfahrungen stimuliert und herausgefordert worden, die von vielen Betroffenen als schwere Belastung und in vielen Fällen als eigentliche Katastrophe erlebt wurden. Seit rund 30 Jahren haben sich vor allem in den USA, aber auch in anderen westlichen Ländern die Meldungen gehäuft, dass sich Erwachsene im Lauf längerer Psychotherapien oder Analysen daran erinnerten, dass sie als Kinder sexuell missbraucht worden waren. In Tausenden von Fällen wurde Anklage erhoben und Tausende von Angeklagten wurden verurteilt. Gegen Ende der 80er-Jahre wurden immer mehr kritische Stimmen laut, und die Frage, wie weit die Erinnerungen von Erwachsenen an ihre Kindheit zuverlässig sind, und in welchem Ausmass die Erinnerung Erwachsener an ihre Kindheit durch den Abrufkontext beeinflussbar ist, wurde immer dringlicher. Viele Psychotherapeuten und Sozialarbeiter, die sich für die Opfer sexueller Missbrauchserfahrungen engagierten, sahen in den geäusserten Zweifeln einen weiteren Versuch der Gesellschaft und der Täter, die Übergriffe auf Kinder weiter zu verdrängen oder zu leugnen. Nur sorgfältige Studien konnten zeigen, wie anfällig das menschliche Gedächtnis trotz seiner grundsätzlichen Verlässlichkeit für alle möglichen Verzerrungen ist, und wie Erinnerungen gerade auch an emotional aufgeladene Inhalte produziert werden können, auch wenn ihnen keine objektiven Ereignisse zugrunde liegen. Die Frage nach der Zuverlässigkeit von Erinnerungen stellte sich auch für die Aussagen von Kindern, die von Missbrauchserfahrungen oder anderen dramatischen und aussergewöhnlichen Erfahrungen berichteten. Schliesslich wurden auch die Kriegsveteranen zu einem zusätzlichen Impuls, die Ge-

15

dächtnisforschung voranzutreiben. Viele von ihnen litten unter Erinnerungen an grauenhafte Vorkommnisse, die offensichtlich nicht den objektiven Fakten entsprechen konnten. Auch viele Experimente sollten dazu beitragen, die Mechanismen offenzulegen, die zu Erinnerungstäuschungen führen können, welche für die direkt Betroffenen, aber auch für deren Mitmenschen unter Umständen von ungeheurer Tragweite sind.

Nicht vergessen, um die Gräuel der Vergangenheit nicht zu wiederholen

Seit Jahrzehnten haben Politiker, Schriftsteller, Philosophen und Theologen unermüdlich gemahnt, die Schrecken des Zweiten Weltkriegs im Taumel des wirtschaftlichen Aufschwungs nicht zu vergessen. Die Erinnerung an die Vergangenheit ist immer wieder heraufbeschworen worden als notwendiger Schutzwall gegen jene destruktiven Kräfte, die zu einer Gefahr der Wiederholung werden könnten. Darum wurden Gedenkanlässe organisiert; in Filmen und Publikationen wurde die jüngste Geschichte in ihrer Vielschichtigkeit durchleuchtet und analysiert; in Podiumsgesprächen, öffentlichen Debatten und wissenschaftlichen Analysen wurde versucht, die Ursachen jener verheerenden Ereignisse besser zu verstehen. Für alle Menschen mit Einsicht und Verantwortungsgefühl schien es absolut notwendig, mit aller Sorgfalt und Offenheit die Vergangenheit aufzuarbeiten, um so die Möglichkeit einer besseren Zukunft zu schaffen. Man erachtete es als unabdingbar, sich der Erinnerung an Ereignisse zu stellen, die als unvorstellbar und undenkbar gegolten hatten. Die Überzeugung, dass nur der engagierte Mut zur Erinnerung an die Vergangenheit die Menschheit davor bewahren könne, früher oder später einer tragischen Wiederholung der Gräuel zum Opfer zu fallen, schien in den vergangenen Jahrzehnten allgegenwärtig. Die Leugnung der dunklen Vergangenheit ist inzwischen sogar in einigen Ländern zu einem Delikt geworden, das geahndet werden muss, und die Erinnerung an die Vergangenheit wird richtigerweise bis zur Stunde von vielen Verantwortungsträgern des öffentlichen Lebens als eine friedenssichernde Aufgabe betrachtet.

Die Wiederentdeckung der eigenen Lebensgeschichte als Quelle der Sinnerfahrung im Alter

Das neu erwachte Interesse am menschlichen Gedächtnis und an den Erinnerungsprozessen hat seine Wurzeln im Bereich des persönlichen Erfolgsstrebens, in der Psychotherapie und Rechtsprechung bezüglich der vergessenen und wieder erinnerten Traumatisierungen und in der Notwendigkeit einer politischen und kulturellen Vergangenheitsbewältigung. Mit den Ausführungen in diesem Buch verfolge ich wesentlich andere Zielsetzungen. Es geht mir also nicht darum, die unzähligen Anweisungen zur Optimierung des Gedächtnisses zusammenzufassen oder ihnen weitere hinzuzufügen. Ich möchte auch im Glaubenskrieg um die Glaubwürdigkeit erinnerter Traumata keine Partei ergreifen und ebenso wenig verfolge ich mit diesem Buch das Anliegen, die kollektive Erinnerung an die Geschichte zu fördern.

Mein Anliegen ist es aufzuzeigen, dass die Erinnerung an die eigene Lebensgeschichte für den älter werdenden und den alten Menschen zu einer eigenen Quelle der Sinnerfahrung werden kann und werden sollte. In der letzten Phase des menschlichen Lebens ist die Erinnerung an die eigene Vergangenheit kein nostalgischer Leerlauf. Für alte Menschen können Erinnerungen zu einer Quelle der Sinnerfahrung werden. Über Erinnerungen können sie Lebensqualität und Lebensfülle hinzugewinnen, weil die Wiederentdeckung des eigenen Lebens diesem erst eine übergreifende Kohärenz und innere Bedeutung zu geben vermag. Freilich werden die im Alter spontan auftauchenden oder sich autonom aufdrängenden Erinne-

rungen nicht von selbst zu einer Quelle neuer Lebendigkeit und Sinnerfahrung. Es braucht die Unterstützung der
Angehörigen und Freunde und die professionelle Betreuung, damit die Erinnerung die Türen zu den Schätzen des
Lebens und der menschlichen Existenz freigibt. In der
Erinnerung alter Menschen liegen zudem auch Werte,
welche die Angehörigen und die Gesellschaft insgesamt
in einem hohen Mass bereichern können.

Der Erinnerung als Quelle der Sinnerfahrung im Alter
widmet sich der zweite Teil dieses Buchs. Um die Bedeutung der Erinnerung an sich besser würdigen zu können,
werden im ersten Teil Zusammenhänge mit der menschlichen Identität und Kultur hergestellt. Die Erinnerungsfähigkeit ist eine Voraussetzung allen menschlichen
Lernens, sie ist ein Wesenselement aller schöpferisch-
künstlerischen Aktivität. Die Erinnerung ist ein Herzstück
aller religiösen Praxis und sie strukturiert und ermöglicht
menschliche Beziehungen. Diese allgemeinen Ausführungen zur Erinnerung bieten nicht nur eine fundierte
Grundlage für das Kapitel «Erinnerung als Lebenssinn im
Alter», sondern ermöglichen auch ein vertiefteres Verständnis der Erinnerungsmechanismus älterer und alter
Menschen.

Erinnerung:
Grundlage der Identität und Kultur

1996 erschien das Buch «Searching for Memory. The Brain, the Mind, and the Past»[1] von Daniel L. Schacter. Schacter gilt weltweit als einer der renommiertesten Neurowissenschaftler und Gedächtnisforscher. Seine Publikation ist inzwischen zu einem Standardwerk geworden, das alle einschlägigen Studien bis zum Erscheinungsjahr berücksichtigt und mit der Spannung eines Kriminalromans in die faszinierenden Geheimnisse des menschlichen Gedächtnisses einführt. In der deutschen Ausgabe heisst der Titel lapidar «Wir sind Erinnerung. Gedächtnis und Persönlichkeit»[2]. Damit wird festgestellt, dass das Gedächtnis im Leben des Menschen nicht nur eine wesentliche Rolle spielt, sondern dass das menschliche Leben in allen seinen Äusserungsformen zu einem wesentlichen Teil Erinnerung ist. Dies gilt für jeden einzelnen Menschen, für seine Möglichkeiten, mit Gefühlen umzugehen, den Alltag zu bewältigen und seine schöpferischen Begabungen zu entfalten. Das Identitätserlebnis des Menschen schlechthin hängt von seiner Erinnerungsfähigkeit ab.

Homo Viator: Der Mensch, das überzeitliche Wesen

Der Mensch ist immer unterwegs, er ist ein ewiger Wanderer durch die Zeiten. Die Science Fiction hat in den letzten Jahrzehnten eine namhafte Anzahl von Büchern und

---

[1]   Daniel L. Schacter: Searching for Memory. The Brain, the Mind, and the Past, New York (Haper Collins) 1996.
[2]   Daniel L. Schacter: Wir sind Erinnerung. Gedächtnis und Persönlichkeit, Hamburg (Rowohlt) 1999.

Filmen produziert, deren Faszination auf der Vorstellung beruht, dass Menschen sich wie in einem Hochgeschwindigkeitszug auf den Schienen der Zeitgeraden in eine ferne Zukunft oder in eine ebenso weit zurückliegende Vergangenheit begeben können. In diesen Zeitreisen konkretisieren die Schöpfer dieser Phantasiewelten die Aussagen der modernen Physik über die Relativität der Zeit ebenso sehr wie die philosophischen und theologischen Grundannahmen, dass die Zeit zu den Erfahrungsmodalitäten des menschlichen Bewusstseins gehört und keine Aspekte der objektiven Wirklichkeit darstellt. Es ist das menschliche Bewusstsein, das unterscheidet zwischen «Jetzt» und «Vorher» und «Nachher». Für das menschliche Bewusstsein gibt es eine Wirklichkeit, die noch nicht ist, und eine Wirklichkeit, die war und darum schon nicht mehr ist. Die Zeit ist eine humane Kategorie. Der Mensch ist ein Wesen, für das die Zeit eine absolut wesentliche Dimension jeder Erfahrung darstellt. Die Wirklichkeit faltet sich für den Menschen unablässig auseinander in das Erleben im Hier und Jetzt und in die Erwartung auf das, was kommen wird, und in den Blick zurück, auf das was war. Der Mensch ist ein Wesen der Zeit, gebunden an die sich unendlich folgende Reihe von Augenblicken der Gegenwart, und mit einer unbeschränkten Offenheit für die Zeiträume vor und hinter ihm. Das zeitliche Wesen Mensch ist zugleich auch das über-zeitliche, für das auch die Zukunft und die Vergangenheit nicht nur theoretische Möglichkeiten darstellen, sondern als wesentliche Teile seines aktuellen Lebens erfahren werden. Der Mensch ist auch Zukunft und Vergangenheit und insofern transzendiert der zeitgebundene Mensch die Zeit. Der Mensch ist immer unterwegs, bald in der Zukunft, bald in der Vergangenheit. Er ist ein Reisender durch die Zeiten: Das ist sein unentrinnbares Schicksal. Er ist ein Reisender durch die Zeiten, und das ist auch seine schwindelerregende Freiheit.

Im Bann der Zukunft: Lebenshorizont «Hoffnung»

Das verheissene Land

Das Prinzip Hoffnung[3] ist der Lebensnerv der jüdisch-christlichen Tradition. Die Texte der Bibel sind in ihrer grossen Mehrheit Zeugnisse einer Haltung, bei der der Sinn der Existenz von der Zukunft her erwartet wird. Dabei ist der Blick der sogenannten alttestamentlichen Dokumente auf die Zukunft des Volksganzen gerichtet; die neutestamentlichen Visionen sind demgegenüber vorwiegend auf das künftige Schicksal des Individuums gerichtet. Den Patriarchen der Urzeit verspricht Gott, sie zu einem Volk zu machen, das so zahlreich sein würde wie die Sterne des Himmels und der Sand am Meer. Diese Verheissung macht ihnen Mut, die alte bekannte Welt zu verlassen und zur Entdeckung neuer Lebensräume aufzubrechen. Mit den grossen Propheten taucht in der Welt der Bibel auch die Vision eines künftigen Messias auf, der in einer fernen, aber durchaus real gedachten Zukunft ein Reich des Friedens heraufführen würde. Diese Zukunftsperspektive begründete über Jahrhunderte das Vertrauen und die Zuversicht, dass die Leiden der Gegenwart einmal ein Ende haben würden, und deswegen auch jetzt keine absolute Katastrophe, sondern einen sinnvollen Weg darstellten. Mit der Erwartung der Wiederkunft Christi nahmen auch die Christen diese umfassende Zukunftsvision auf, die das Leben der Einzelnen und der Völker massgeblich bestimmen sollte. Die Hoffnung wurde zum Kernthema des jüdisch-christlichen Glaubens und Lebens.

---

3   Ernst Bloch (1885–1975); Prinzip Hoffnung: Eine Philosophie der Hoffnung, «nach der Natur und Gesellschaft vermöge ihrer inneren Entwicklungspotenzen ihre Unfertigkeiten überwinden und sich dem utopischen Ziel einer materiell-geistigen kosmischen Einheit nähern. In diesem Weltprozess ist auch die Vollendung des Menschen derart angelegt, dass sich in dialektisch revolutionären Schüben die Aufhebung seiner sozialen und individuellen Entfremdung durchsetzt.» (Brockhaus)

Aber Hoffnung gibt es nur als Ausrichtung auf Zukunft. In der gleichen Tradition galt auch derjenige Mensch als weise, der früh genug und weit genug in die Zukunft blickte und an dieser vorausgeschauten Zukunft das Handeln der Gegenwart ableitete. Joseph, der in Ägypten während der fruchtbaren Jahre Vorratshäuser bauen liess, begründete durch diese Voraussicht seinen unsterblichen Ruhm. Und die Jungfrauen, die im Gleichnis Jesu einen Vorrat an Öl mit sich nahmen, als sie auf den Bräutigam warteten, werden wegen dieser Vorausschau, die auch mit einer möglichen Verzögerung rechnete, als klug gepriesen.

Der dunkle Schatten «Memento mori»:
Die einzig sichere Zukunft ist der Tod

Als Adam und Eva vom Baum der Erkenntnis gegessen hatten, erkannten sie nicht nur, dass sie nackt waren, sondern auch, dass sie sterben würden. Der Tod ist nicht mehr einfach eine Naturgegebenheit – das ist er für das Tier auch. Der Tod wird für den Menschen zum künftigen Ereignis par excellence. Der Tod wird für ihn zur absolut unabweislichen und sicheren Zukunft und damit auch zu einer letztmöglichen Norm und Orientierung seines Handelns und zu einer Grenze seines Daseinssinns, längst bevor er als wirkliches Ereignis eintritt.

Speziell bedeutsam ist der Tod bei Menschen mit der Diagnose einer lebensbedrohlichen Krankheit, z. B. bei Krebs. Jeder Mensch weiss zwar um den Tod, er ist die Zukunft, von der wir wissen, dass sie einmal Gegenwart wird. Seit ich selbst aber an Krebs erkrankt bin, trage ich diese Zukunft als tägliche, spürbare Realität in mir. Diese Zukunft ist nicht mehr nur abstrakt, sie ist als Zukunft konkret. Sie wird zur Angst. Wie viel Raum darf sie einnehmen? Soll ich mich dauernd mit dieser Zukunft befassen? Oder sie zu verleugnen suchen, tun, als ob es ewig weiterginge? Ich gebe dieser Zukunft Raum, der künftige Tod ist greifbar nahe, ich rede mit ihm. Er bedeutet Abschied von dieser jetzt vertrauten Welt. Ich soll all das loslassen, was jetzt mein Leben ausmacht. Menschen, die ich liebe, Menschen, die mich ärgern, die aber meine Welt ausmachen. Meine Wohnung, mein Haus, meinen Beruf, meine Neugier. Ich möchte noch diese oder jene Stadt, dieses oder jenes Land sehen, in den Bergen wandern, das Rauschen des Meeres hören. Bei jedem Spaziergang weiss ich, spüre ich, dass es der letzte sein könnte. Bei jeder Umarmung mit der Geliebten ist mir gegenwärtig, dass es vielleicht die letzte ist. Ich mache Pläne für das kommende Frühjahr, aber ich höre in mir schon den Vorbehalt: «Falls es dich dann noch gibt.» Die Zukunft ist zum allgegenwärtigen Abschied geworden. Aber der Abschied macht hellhörig, wach. – Und diese Zukunft des Todes, die zur Gegenwart geworden ist, stellt mich vor die existenzielle Frage, ob es eine Zukunft jenseits der Schwelle dieses Todes gibt, und wenn auch dort Zukunft ist, was sie bedeuten könnte: Verfliessen mit einem universellen Dasein, Einswerden mit einem universellen Bewusstsein? Fortsetzung eines individuellen Bewusstseins, ohne die jetzigen Begrenzungen von Raum und Zeit? Ist diese Zukunft ein Zwischenraum, Warteraum für eine Wiederkehr in eine bisherige Daseins- und Bewusstseinsform? «Das Himmelreich ist nahe. Das Gottesreich ist schon in euch.» (Markus 1,15; Lukas 17,21)

Das Zelt des Todes im Garten vor dem Haus

Menschen möchten von mir wissen, wie man mit diesem zukünftigen Tod, der in der Behausung des eigenen Leibes schon Quartier bezogen hat, umgehen kann, damit er nicht zum Hindernis wird, jetzt noch zu leben oder sogar vielmehr jetzt erst recht auch die Gegenwart voll und uneingeschränkt zu leben. Es sind Bekannte, Freunde und Klienten meiner therapeutischen Praxis, die darum wissen, dass ich seit meinem Herzinfarkt und vor allem seit meiner Erkrankung an einem Pankreas-Karzinom mit dieser gegenwärtigen Zukunft des Todes lebe. Ich habe keine allgemeingültige Antwort. Meine Erfahrung ist eben meine und nur meine Erfahrung. Ich sehe das Zelt, das der Tod auf meinem Grundstück aufgeschlagen hat. Und ich meine, dass es gut ist, ihm dort täglich meine Aufwartung zu machen und einen Besuch abzustatten. Vielleicht könnte man es Meditation nennen, vielleicht eine Imagination, wenn ich mit diesem Gast aus der Zukunft ins Gespräch zu kommen suche, Fragen stelle, meinen Protest anmelde, wenn ich mit ihm feilsche und ihm klarzumachen versuche, dass ich noch Zeit brauche, um ein weiteres Buch, nein wenigstens noch zwei oder besser drei weitere Bücher zu schreiben, deren Material ich mit mir herumtrage. Oder ich sitze schweigend vor dem Zelt des Todes, mit der Trauer des Abschieds im Herzen; oder ich trage ihm meine kühnsten Erwartungen vor, was ich jenseits der Schwelle zu finden hoffe, nämlich einen uneingeschränkten Blick hinter die Geheimnisse des Universums, quer durch die unermesslichen Räume und Zeiten der Existenz des Kosmos und durch die Labyrinthe der Evolution des Lebens. Und was ist mit Gott? In der Nähe des Todes ist eine ungeahnte Freiheit von allen Verhaftungen an irgendwelche Vorstellungen und Bilder der religiösen Tradition. Ich muss sie nicht wegwerfen, aber sie müssen mir auch keine Antworten geben. – Aber diese Interviews dauern nicht unbeschränkt. Manchmal ist es der Tod, der sich wie von selbst in sein Zelt zurückzieht und damit meinem Bewusstsein entschwindet. Andere Male sage ich ihm selber: «Jetzt ist es genug, wir sprechen uns später wieder, vielleicht heute Abend, vielleicht morgen.» Und ich gehe entschlossen weg. Meistens ist es dann auch möglich, mich wieder uneingeschränkt dem Leben des Augenblicks zuzuwenden, dem Gespräch mit Angehörigen, den Anliegen eines Klienten in meiner Praxis, den Blumen und Bäumen am Weg während eines Spaziergangs, dem fröhlichen und sogar unbeschwerten Zusammensein mit Freunden. Die Zukunft ist unser Schicksal. Wenn wir es in die Gegenwart hereinbitten und ihm in der

Gegenwart bewusst genügend Raum zuerkennen, wird diese Zukunft, auch die Zukunft des Todes, uns nicht daran hindern, die Gegenwart mit unserem ganzen Herzen, mit unserer ganzen Seele, mit allen unseren Kräften zu leben und dadurch als sinnvolles Dasein zu erleben.

Vorfreude und Zukunftsangst

Auch der banalste Alltag des Menschen wird unablässig von seiner näheren und ferneren Zukunft bestimmt. Nicht der Mensch hat seine Zukunft im Griff, jedenfalls ist dies nur in einem ganz bescheidenen Umfang möglich; es ist vielmehr die Zukunft, welche die Gegenwart des Menschen dauernd mitprägt. Ein Schüler hat in drei Tagen ein wichtiges Examen. Es ist diese Zukunft, die veranlasst, dass er sich jetzt angestrengt und fleissig hinter die Bücher setzt und lernt. Die bevorstehende Prüfung ist schuld, dass er sich nervös und mit einem Druck im Magen erlebt, und dass er unruhig schläft. Andere planen ihre nächsten grossen Ferien, irgendwo am Meer und an der Sonne, zusammen mit lieben Freunden. Sie sehen sich schon bei der Entdeckung fremder Städte und Landschaften, ohne den Druck der täglichen Berufsarbeit. «Die Vorfreude ist die schönste Freude», weiss die Tradition. Die kommenden Ferien lassen schon Wochen im Voraus die Herzen höher schlagen. Die Aussicht auf diese wundervollen Tage der Erholung macht es leichter, den gegenwärtigen Stress noch einigermassen gut durchzustehen. Die Vorfreude macht Menschen locker, phantasievoll, munter; die Angst vor kommenden Ereignissen bedrückt, lähmt oder wird zur Herausforderung an Mut und Kraft.

In ganz besonderer Weise hat der Vorausblick auf das eigene Alter die Menschen schon immer in ihren Entscheidungen mitbestimmt. In vergangenen Jahrhunderten war es von höchster Wichtigkeit mit 20 oder 30 Jahren zu heiraten, weil Ehe und Familie die einzige verlässliche Vorsorge für das Alter darstellten. Aber auch heute leitet uns der Vorausblick auf das Alter an, alles zu regeln und zu planen. Mit Patientenverfügungen wird festgelegt, welche Entscheidungen einmal getroffen werden sollten. Es ist geradezu ein Trend spürbar, jetzt zu klären, was in Zukunft eintreten könnte.

Verantwortung für kommende Generationen

In der Politik und Wirtschaft galt die Fähigkeit, künftige Entwicklungen voraussehen zu können, schon immer als eine unabdingbare Voraussetzung eines guten Magistraten oder Unternehmers. Im letzten Jahrhundert ist auch immer deutlicher geworden, dass selbst eine noch Jahrzehnte vor uns liegende Zukunft in die Entscheidungen der Gegenwart miteinbezogen werden muss. Das gilt für den Umgang mit den Energievorräten dieser Erde und allen wichtigen Lebensressourcen. Und bei der Lagerung von atomaren Abfällen muss sogar Jahrhunderte oder Jahrtausende vorausgedacht werden. Ebenso betreffen die Entscheidungen bezüglich Abholzung der Regenwälder, Verseuchung der Meere, Klimaerwärmung usw. nicht nur die jetzigen, sondern vor allem auch künftige Generationen.

Die teleologische Dimension in der Tiefenpsychologie

Sigmund Freud deutete die ganze phantastische Welt der Träume als eine bildhafte Inszenierung unserer frühen Lebenswünsche. Was das Kind einmal als beglückende Urerfahrung in der ursprünglich symbiotischen Beziehung mit der Mutter erlebt hat, taucht auch im erwachsenen Menschen als Bedürfnis nach Wiederholung auf. Oder was dem Kind in seinen ersten Lebensjahren an seelischer und körperlicher Nähe gefehlt hat, äussert sich später in den Träumen als Verlangen nach Erfüllung. Alles, was sich im unbewussten Raum der Seele zeigt, wurde von Freud als Produkt der Vergangenheit gesehen. Was irgendeinmal im Lauf der Kindheit und Jugend nicht mehr sein durfte, wurde aus dem Bewusstsein verdrängt und bildet fortan eine heimliche Energie, welche die spontanen Reaktionen, die Gefühle und selbst die Gedankengänge unaufhörlich beeinflusst. Freuds tiefenpsychologische Anthropologie ist vergangenheitsorientiert.

Carl Gustaf Jung hat der Zukunft auch in der Tiefenpsychologie einen vorrangigen Platz eingeräumt. Er machte anhand seiner Beobachtungen deutlich, dass nicht nur das menschliche Bewusstsein, der bewusste menschliche Geist, auf Zukunft hin angelegt ist und von der Zukunft her die Gegenwart lebt, sondern dass auch die unbewusste Seele als solche nicht nur die Schätze und den Unrat der Vergangenheit hortet, sondern Entwürfe und Perspektiven künftiger Entwicklung in sich trägt. Die Dynamik des Unbewussten selbst ist nach Jung auf die Zukunft ausgerichtet. Die Energiefelder des Unbewussten sind auch in seinem Verständnis geprägt von der Vergangenheit, aber sie sind ebenso sehr von ihrem tiefsten Wesen her auf Ziele und Möglichkeiten der Zukunft ausgerichtet. Die Seele ist immer schon eine finale Wirklichkeit, in ihrem innersten Kern gibt es eine Teleologie, eine Ausrichtung auf Zukunft, die als Daseinssinn erlebt wird, wenn sich der Mensch auch in seinem bewussten Tun und Lassen dieser vorgegebenen unbewussten Orientierung einfügt. Von diesem Ansatz her hat Jung auch die Äusserungen der unbewussten Seele als zukunftsorientiert verstanden. So stellen Träume nicht nur Bilder dar, welche vergangene Traumatisierungen und Wünsche der Kindheit zum Ausdruck bringen; Träume sind immer schon auch Hinweistafeln für künftige Entwicklungsmöglichkeiten, sie stellen Projekte und Visionen dar, welche seelische Energie kanalisieren und in eine sinnvolle Richtung lenken. Ähnliches gilt auch für neurotische Symptome, die ebenfalls nicht nur mehr oder weniger gelungene oder misslungene Verarbeitungsversuche vergangener Verletzungen und Defizite darstellen, sondern auch in ihrem pathologischen Aspekt noch den Versuch der Seele spiegeln, nicht einfach Schäden der Vergangenheit in Schranken zu halten, sondern sie in schöpferischer Weise für die Gestaltung künftigen Lebens zu nutzen.

Der Tod hat für uns Menschen eine so zentrale Bedeutung bekommen, weil unser bewusstes und unbewusstes Leben auf Zukunft angelegt ist. Der Tod ist die Frage ohne Antwort nach der Zukunft des Menschen. In einer Welt, in der der Einzelne sich im Wesentlichen als Teil eines Volkes verstand, war diese Frage nicht so bedrängend; es gab für ihn Zukunft als Teil des Kollektivs.

Der prospektive Aspekt der Träume

Sigmund Freud hat in den Träumen im Wesentlichen nur Bilder gesehen, welche Erfahrungen und Bedürfnisse des Menschen in seiner frühen Lebensgeschichte sichtbar machen. Carl Gustav Jung hat diese Dimension nicht bestritten. Aber seine Beobachtungen haben ihn dazu geführt anzunehmen, dass der Mensch in fast jedem Traum mit allen seinen Zeitbezügen in Erscheinung tritt. In den Bildern der Träume taucht sehr wohl die Vergangenheit des Menschen auf; allerdings eine Vergangenheit, zu der nicht nur das aus dem Bewusstsein Verdrängte gehört, sondern ebenso das ganze im Menschen angelegte Potenzial. Die Träume nehmen Bezug zur Gegenwart, sie stellen Reaktionen dar auf die derzeitige Einstellung des Bewusstseins eines Menschen, auf seine in der Gegenwart dominanten Wertsysteme, seine aktuellen Probleme, Konflikte und allfälligen Höhenflüge. Aber dem unvoreingenommenen Beobachter präsentieren die Träume Vergangenheit und Gegenwart fast immer mit einem offensichtlichen Ausblick auf die Zukunft. Sie enthalten Hinweise auf mögliche Modifikationen des Verhaltens im Umgang mit sich selbst und mit Mitmenschen; sie eröffnen bisher kaum beachtete neue Sinnperspektiven; sie stärken die Zuversicht, dass Wandlungen möglich sind und das Leben gegen allen Anschein weitergehen und sich sogar weiter entwickeln kann. Jungs Betrachtungsweise schliesst ein, dass an alle Träume zu Recht die Frage gestellt werden kann: «Und jetzt, wie weiter? Wozu dient dies alles?» In den Traumbildern liegen selten explizite, aber fast immer implizite Antworten bereit. Sie sind in gewisser Weise wie Satellitenbilder der Meteorologen, die zwar vergangene und gegenwärtige Zustandsbilder darstellen, aber zugleich künftige Entwicklungen mitbeinhalten. Die unbewusste Psyche «kennt» die Zukunft, weil nur für das bewusste Ich die strikte Zeitgerade «Vergangenheit – Gegenwart – Zukunft» Gültigkeit hat. Für das Unbewusste ist die Wirklichkeit noch nicht ge-zeitigte, zeitlose Gegenwart.

Der prophetische bzw. präkognitive Inhalt von Träumen

Fernab von jeder esoterischen Einstellung sind seit Jahrzehnten weltweit Phänomene studiert worden, die sich nicht mit unseren gewohnten Vorstellungen über Kausalität und unseren üblichen Raum-Zeit-Erfahrungen verstehen und erklären lassen. Zu diesen Phänomenen gehören unter anderem Träume, in denen Menschen Ereignisse voraussehen, die Tage oder Wochen später eintreffen. Dabei handelt es sich um Ereignisse, die sie unmöglich vorauswissen oder in irgendeiner Weise vorausberechnen konnten. Vor vielen Jahren ist eine Klientin zu mir gekommen, um von ihren prophetischen Träumen befreit zu werden. Das Wort prophetisch tönt in diesem Zusammenhang etwas pathetisch; damit ist weder eine religiöse Dimension mitgemeint noch ein Inhalt, der für ganze Gruppen oder Völker von herausragender Bedeutung wäre. Der Terminus wird gemäss der ursprünglichen Wortbedeutung gebraucht und meint darum nicht mehr als etwas «voraussagen – prophämi». Die genannte Frau, die bei mir Hilfe suchte, hatte seit Jahren regelmässig Träume, in denen sie Ereignisse voraussah, die für die Betreffenden fast immer einen schweren Schicksalsschlag oder doch eine grosse Belastung bedeuteten. Die Personen, von denen sie dies träumte, waren ihr in den meisten Fällen zwar bekannt, aber standen ihr nicht wirklich nahe. So träumte sie von einer Cousine, mit der sie schon seit vielen Jahren keinen Kontakt mehr hatte, dass sie bei einem Autounfall ums Leben kommt. Im Traum sah sie auch alle Umstände des Unglücks, die Autobahn, den Unfallwagen, die anderen beteiligten Fahrzeuge, die Mitfahrer und Mitfahrerinnen. Drei Tage später ereignete sich dieser Unfall genau so, wie sie ihn geträumt hatte. Sie erfuhr erst zehn Tage später davon. In einem anderen Traum brannte das Haus eines Nachbarn ab; in wieder einem andern Traum erkrankte eine ehemalige Schulfreundin an Krebs und starb, schon wenige Wochen nach der Diagnose. In all diesen und vielen anderen Träumen wurde sie von ihrer Seele über Ereignisse informiert, die immer erst Tage oder Wochen später stattfanden – und dabei wusste sie nicht, warum ausgerechnet sie diesen Blick in die Zukunft tun musste.

Menschen, die in Träumen Dinge voraussehen, die später tatsächlich eintreffen, sind keine sonst auffälligen Personen mit irgendwelchen hellseherischen oder okkulten Begabungen. Und sie sind keine Ausnahmeerscheinungen. Es gibt ihrer tatsächlich ganz viele, die wenigstens das eine oder andere Mal im Leben einen solchen Traum haben. Aus den erwähnten Beobachtungen lässt sich schliessen, dass es zur Ausstattung der menschlichen Seele gehört, nicht nur in einer dauernden inneren Verbindung mit der Vergangenheit zu sein, sondern auch – in einer sicher beschränkten Weise – bereits die Zukunft als Gegenwart zu erleben.

Ich bin meine Vergangenheit

Pawlows Hund

Die Zukunftsbewusstheit von Tieren scheint ganz beschränkt zu sein. Jedoch hängen das Verhalten, die Reflexe und Gefühlsäusserungen von Tieren weitestgehend

von ihren früheren Erfahrungen ab. Hunde, die als Jung-
tiere gequält wurden, werden zeit ihres Lebens Menschen
mit Misstrauen und Aggression begegnen. Vieles im Verhalten der Tiere ist angeborenes Instinktverhalten. Aber
bei den meisten Tieren gibt es ein hohes Mass an Lern-
fähigkeit und Lernnotwendigkeit. Erst über die Erfahrung
wissen sie, wo und wie sie Futter beschaffen können, welche anderen Tiere für sie eine lebensbedrohliche Gefahr
darstellen, in welcher Weise sie zu einem Partner für die
Paarung kommen und wie sie einen sicheren Ort für die
Aufzucht ihrer Nachkommen finden oder herstellen können. Wie beim Menschen so sind auch bei den Tieren die
vielfältigen Lernprozesse, ohne die sie schlechthin nicht
überleben könnten, nichts anderes als erinnerte Erfahrungen. Selbst die sogenannten bedingten Reflexe sind solche
impliziten Erinnerungen.

Einmalige geschichtliche Berühmtheit erlangte das Ex-
periment des russischen Physiologen Ivan Petrowitsch
Pawlow (1849–1936). Er hielt einem Hund eine Wurst hin,
und erwartungsgemäss tropfte dem Tier der Speichel aus
dem Mund, in der Annahme, dass ihm die Wurst auch
gegeben würde. In einem zweiten Schritt des Experiments
schlug Pawlow jedes Mal eine kleine Glocke an, wenn er
dem Hund die Wurst zeigte. Schliesslich liess er nur noch
die Glocke erklingen, es war keine Wurst mehr vorhan-
den, aber auch jetzt floss der Speichel des Hundes nicht
weniger reichlich als zuvor. In der Erinnerung des Tieres
gehörten Wurst und Glocke zusammen, das Engramm[4]
war gekoppelt, und so genügte nun auch ein einziges Element, um die Reaktion abzurufen.

Obwohl das Tier weitgehend aus seiner Vergangenheit
lebt, das Tier auch weitgehend seine Vergangenheit ist

---

4   Ein Engramm ist eine im Zentralnervensystem hinterlassene Spur
     eines Reiz- oder Erlebniseindrucks, die dessen Reproduktion zu
     einem späteren Zeitpunkt möglich macht; Erinnerungsbild (Duden,
     Fremdwörterbuch)

und seine körperlichen Reaktionsmuster, seine bedingten Reflexe, seine Gefühle, seine Lebensäusserungen aller Art Vergegenwärtigungen seiner Vergangenheit sind, hat das Tier doch keine Vergangenheit. Erst der Mensch weiss um seine Geschichte, erst der Mensch weiss, dass er jeden gegenwärtigen Augenblick in einer ganz bestimmten Weise erlebt aufgrund seiner Vergangenheit. Der Mensch ist fortdauernd seine Geschichte: «Ich bin meine Vergangenheit.» Das gilt nicht nur für Verhaltensweisen und Gefühlsreaktionen aller Art; es ist uneingeschränkt wahr für unsere ganze Identität. Die Antwort Gottes an Moses «Ich bin der ich bin» mag als theologische Aussage über die Transzendenz Gottes völlig losgelöst gelten von jeder Zeitperspektive. Wenn dagegen ein Mensch sagt: «Ich bin ich.», so kann er dies nur tun, wenn er in diesem Augenblick einen Horizont seiner ganzen Vergangenheit hat. «Ich bin ich» macht nur Sinn, wenn ich meine Gegenwart als identisch erlebe mit meiner Vergangenheit, den Punkt des Augenblicks als identisch mit der ausgezogenen Linie meiner eigenen Geschichte.

Freuds reduktive Sicht:
«Deine Vergangenheit ist dein Schicksal.»

Die Zukunft bestimmt unsere Gegenwart in hohem Masse mit. In unserer Gegenwart ist der Blick in eine nahe oder fernere Zukunft enthalten. Die Vergangenheit ist noch viel existenzieller mit unserem menschlichen Leben verknüpft. Die Vergangenheit ist in hohem Masse das, was wir sind. Oder umgekehrt ausgedrückt: Wir sind unsere Vergangenheit. Die Tiefenpsychologie, die zu Beginn des 20. Jahrhunderts mit Sigmund Freud ihren Anfang nahm, hat systematisch und zweifelsfrei nachgewiesen, wie das kranke, aber nicht weniger auch das gesunde Seelenleben des Menschen geprägt ist von den Erfahrungen der frühen Lebensjahre. Wann immer wir später mit Angst oder Zuversicht, Misstrauen oder Vertrauen reagieren, knüpfen diese Gefühle an Erfahrungen unserer Lebensgeschichte an. Die Ereignisse mögen als solche längst vergessen sein. Aber die Erfahrung bleibt als implizite, unbewusste Erinnerung erhalten und dient uns ganz automatisch als Orientierung für das aktuelle Verhalten. Ohne die implizite Erinnerung an frühere Erfahrungen wäre es schlechterdings nicht möglich, uns im Leben zurechtzufinden. Es wäre nicht möglich, die Nützlichkeit oder Bedrohlichkeit von Menschen oder Situationen einzuschätzen. Viele der wichtigen frühen Lebenserfahrungen sind auch im Körper als Erinnerung gespeichert, und der Körper reagiert mit seinen Reflexen. Viele andere sind zu tief eingebrannten Verhaltensmustern geworden, und Gefühl und Verstand äussern und entwickeln sich im Sinn dieser Bahnen.

Der Verlust der Vergangenheit – die retrograde Amnesie –
Verlust der Identität

Es gibt die dramatischen Erfahrungen von Menschen, die nach einer schweren Beschädigung ihres Gehirn durch eine Verletzung oder durch Krankheit sich nicht mehr an ihre Vergangenheit erinnern können – und die als Folge davon überhaupt nicht mehr wissen, wer sie sind.

Die chilenische Schriftstellerin Isabel Allende hat im erschütternden Buch «Paula» über ihre Tochter geschrieben. Sie wusste, dass diese, wenn sie je wieder einmal aus dem Koma erwachen würde, sich nicht mehr an ihre Vergangenheit würde erinnern können. Und so schrieb die Mutter unentwegt, Hunderte von Seiten, alle Erinnerungen an die Tochter, alle Erinnerungen an alle Lebensumstände, politische, kulturelle, familiäre, wirtschaftliche, um der Tochter einen Raum möglicher Identität zu schaffen. Aber auch Tausende von Seiten würden nie genügen. Auf eine berührende Weise wird in dieser gewaltigen Anstrengung deutlich, was unser Gedächtnis selbstverständlich ununterbrochen erschafft: Identität, «Ich bin ich».

Menschen mit einer Hirnverletzung leiden oft an einer sogenannten retrograden Amnesie. Sie sind nicht mehr in der Lage, sich an das zu erinnern, was vor dem Schlaganfall, dem Unfall oder einem physiologischen oder psychologischen Trauma stattgefunden hat. In schweren Fällen können sie sich nicht einmal mehr an den Beruf erinnern, den sie über Jahre oder Jahrzehnte ausgeübt hatten. Angehörige und Freunde werden vielleicht noch erkannt, jedenfalls ihrem Namen nach, aber deren Bedeutung, deren Platz im eigenen Leben wird nicht mehr erinnert. Städte und Landschaften werden als fremd erlebt, obwohl der Betreffende sie nicht nur gut gekannt, sondern auch sehr geliebt hatte, wichtige Ereignisse des Lebens werden entweder überhaupt nicht mehr oder aber emotional als völlig neutral oder bedeutungslos erinnert.

Wenn diesen Patienten von Angehörigen und vom Pflegepersonal die Vergangenheit wieder nahegebracht, erzählt wird, erstellen sie allmählich wieder ein mehr oder weniger umfangreiches Wissen über ihre Vergangenheit, aber es handelt sich dabei nicht um echte Erinnerung. Darum bleibt dieses autobiografische Wissen ohne subjektive Bedeutung, das eigene Identitätserlebnis ist gleichsam leer, und die betroffenen Patienten erleben sich häufig nach einiger Zeit als depressiv, teilnahmslos, lustlos, sie wissen zwar um ihre eigene Identität, sie wissen, wer sie sind, aber sie erleben sie nicht. Das autobiografische Wissen ist kein echtes Gedächtnis, keine wirkliche Erinnerung. Ohne echt erinnerte Vergangenheit wird auch die Identitätserfahrung zu einem Phantom. Ohne die Erinnerung an die eigene Biografie wird das Leben sinnlos, inhaltslos.

Wenn Paula aus dem Koma erwacht wäre ...

Wenn Paula aus ihrem Koma erwacht wäre, hätte das umfangreiche Werk ihrer Mutter Isabel ihr ein detailliertes Wissen über ihre Vergangenheit vermitteln können. Und

obwohl die meisten Menschen nicht über ein so differen-
ziertes und nuanciertes Wissen über ihre Vergangenheit
verfügen, wäre dieses Wissen für Paula wohl nur zu
einem Wissen geworden, das nie die innere Fülle und
Lebensdichte, die Bedeutung einer Erinnerung bekommen hätte. Es wäre ihr emotional nicht näher gekommen
als die Lektüre einer Biografie eines fremden Menschen –
allerdings mit der Spannung, dass sie es eigentlich als ihr
Leben hätte spüren sollen.

Die neu entdeckte Gegenwart:
Das Wunder des Augenblicks

Moderne Touristen

In vielen der zur Zeit angebotenen und praktizierten Me-
ditationsformen gibt es Schlüsselbegriffe, welche manchmal auch zu Schlagwörtern verkommen sind: «Präsenz»,
«Achtsamkeit», «Gegenwärtigkeit». Es scheint geradezu,
als ob vor allem die Menschen der westlichen Industriena-
tionen nicht mehr fähig wären, in der Gegenwart zu
leben. Sie brauchen die Ermahnung und konkrete Anlei-
tung, Leben nicht nur als Zukunft und Vergangenheit,
sondern als Hingabe an das Hier und Jetzt zu leben.
   Ich habe als Student in Rom oft Touristen durch die
Ewige Stadt geführt. In einer Gruppe von 40 bis 50 Leuten
gab es fast immer eine Anzahl Gäste, die im Bus oder bei
der Besichtigung einer Kirche ihren Mitreisenden von
ihrer Reise nach Ägypten vor fünf Jahren erzählten oder
von der geplanten Reise nach Mexiko im kommenden
Sommer. Diese Menschen waren immer höchstens mit
einem Auge und einem Viertel ihres Herzens in der Gegenwart. Dafür werden sie während ihrer Mexiko-Reise
im folgenden Jahr bestimmt während der Hälfte ihrer
Ausflüge von Rom erzählen.

In unserer westlichen Welt begegnen wir täglich Menschen, für die das eigentliche Leben immer erst in der Zukunft beginnt. Die Schüler warten auf das Ende der Schulzeit, die Lehrlinge auf den Lehrabschluss, die Rekruten auf das Ende der Rekrutenschule, die jungen Erwachsenen auf die erste eigene Wohnung, auf die Beförderung im Beruf, auf den Hausbau, auf die Zeit, da einen die Kinder nicht mehr so intensiv brauchen, auf die Pensionierung – «Warten auf Godot» (Samuel Beckett). Das Leben findet immer erst in der Zukunft statt, als Erwartung oder als Angst. Auch das Warten auf den Himmel, auf das Leben nach dem Tod, hatte früher oft die Qualität des Aufschiebens. Das eigentliche Leben kommt erst, es ist nie gegenwärtig. Diesbezüglich hat die Vorstellung vom Gottesreich in den Texten des Neuen Testamentes eine überraschende Ausgewogenheit. Das Gottesreich als volle Manifestation der Herrlichkeit Gottes und der Fülle des Lebens wird als ein künftiges Ereignis erwartet. Aber dieses Gottesreich ist «schon mitten unter euch» oder «mitten in euch»; es ist Zukunft und es ist genauso auch Gegenwart. Das wirkliche Leben lässt keinen Aufschub zu, es ist immer Hier und Jetzt und ist zugleich Hoffnung auf die uneingeschränkte Parusie, das uneingeschränkte Sichtbarwerden dessen, was schon ist.

Immerzu auf Zeitreise

Menschsein ist immer Leben in allen Zeiträumen. Zukunft und Vergangenheit sind in jedem Lebensalter wichtig für das Leben in der Gegenwart. Aber das Gewicht verschiebt sich im Lauf des Lebens. Es ist durchaus richtig und gesund, wenn für den jungen Menschen die Zukunft im Vordergrund steht, die Ausrichtung auf kommende Lebensaufgaben und Lebensmöglichkeiten. Der zurückgelegte

Weg ist noch kurz; der vor dem jungen Menschen liegende Weg ist noch unbeschränkt lang, wenigstens im Erleben. Beim alternden Menschen schmilzt die Zukunft wie Schnee in der Frühlingssonne, aber der Weg hinter ihm ist so lang geworden, dass er sich in der Erinnerung zu verlieren beginnt wie im Dunst grosser Fernen. Im Alter darf der Blick zurück ins schon gelebte Leben wichtiger werden, und dies nicht als billiger Trost und Ersatz für die entschwindende Zukunft, sondern als eine reiche neue Sinnmöglichkeit.

Ich habe eine kleine Holzskulptur, die meines Wissens aus Nigeria stammt. Sie zeigt eine schwangere Frau mit einem Kind, das auf ihrer Hüfte sitzt und die nach vorn ausschreitet; Leben auf dem Weg in die Zukunft. Aber die Seite ihres Kopfes, die in die Richtung ihrer Bewegung schaut, hat kein eigentliches Gesicht; da sind keine Augen, kein Mund, keine Nase, keine Ohren; das Gesicht ist nur angedeutet, erahnbar. Aber auf der Rückseite ihres Kopfes sind riesige, weitoffene, kreisrunde Augen, und da ist ein offener Mund mit hervorstehenden Zähnen. Diese Frau schaut zurück in die Vergangenheit, in ihre eigene Vergangenheit, vielleicht auch in die Vergangenheit ihres Stammes, in die Vergangenheit des Lebens. Und sie hat etwas zu sagen; sie sieht Zusammenhänge und gibt Deutungen. Aber sie geht nicht zurück, der Schritt bleibt immer in die Zukunft gerichtet.

Für mich ist diese kleine Holzskulptur auch eine eindrückliche Darstellung der Weisheit des Alters. Das Leben geht noch weiter, aber die Augen für die Vergangenheit sind gross und weit offen geworden. Da hat alles seinen Platz, seine Berechtigung und seine Bedeutung, es muss nichts ausgelöscht werden. Da ist eine Schau in die Vergangenheit, die dem Jesus-Wort gerecht zu werden scheint: «Seid vollkommen wie euer Vater im Himmel, der die Sonne aufgehen lässt über Gute und Böse und regnen lässt über Gerechte und Ungerechte.» (Mt 5,45) Es gibt eine Gelassenheit, die über den Dingen steht, und die ohne Bitterkeit und ohne Vorwürfe an andere oder an sich selber die hellen und dunklen Erfahrungen des Lebens anschauen und stehen lassen kann. Das ist mein Leben.

Unser Vorausschauen in die Zukunft und unser Zurückschauen in die Vergangenheit ist dann nicht richtig, wenn es das Leben in der Gegenwart lähmt und ihm die Energie entzieht. Wenn Männer und Frauen bei uns schon mit 30 oder 40 Jahren auszurechnen beginnen, ob ihre Pension mit 65 einmal ausreichen wird, dann ist dies nicht die Art von Zukunftsbezogenheit, die menschlichem Leben seine Dynamik und seinen Hoffnungscharakter gibt; das ist nicht Zukunft, die als lebendiger Impuls in die Gegenwart einfliesst und dem Menschen eine innere Ausrichtung gibt, das ist Verschiebung des Lebens. Ähnlich ist es mit der Vergangenheit, wenn sie gelebt wird als Nachhängen und nicht als Versammlung alles Gewesenen, das in seiner Gegenwärtigkeit eine unermessliche Fülle an bereitliegender Erfahrung, an Höhen und Tiefen, an Fragen und Antworten bedeutet.

Der Blick in die Zukunft ist dann gut, wenn er beflügelt, motiviert und herausfordert. Die Schau in die Vergangenheit gehört dann zur Weisheit des Alters, wenn diese Rückschau zur staunenden Wiederentdeckung und Annahme der widersprüchlichen Vielfalt eigenen und fremden Lebens wird. Vergangenheit und Zukunft kann zur Entleerung und Entwertung, oder zur Belebung und Bereicherung der Gegenwart werden. Menschsein ist inkarnierte Hoffnung, Menschsein ist Vergangenheit und Menschsein ist gelebte Gegenwärtigkeit. Wer das eine oder andere verabsolutiert, ist ein Häretiker, wählt aus dem grossen Kreis der Realität ein Segment heraus und führt in die Irre.

Anders als beim Tier gibt es auf Dauer nur sinnvolles, lustvolles, lebensvolles menschliches Leben, wenn es uneingeschränkte Hingabe an alle Dimensionen der Zeit ist: uneingeschränkte Ausrichtung auf die Zukunft und ebenso Orientierung an der Zukunft, bewusste, hingebungsvolle Akzeptanz der Vergangenheit als Trägerin unserer Identität und vorbehaltloses Sich-Einlassen auf den gegenwärtigen Augenblick. Es gibt kein Entweder-Oder.

Alles Leben ist Lernen, alles Lernen ist Erinnerung

Die Bewältigung des Alltags: Nur die Erinnerung macht's möglich

Ein Telefonanruf

Das Telefon klingelt. Sie gehen an den Apparat und Ihr Gesicht hellt sich auf. Ihre Stimme wirkt fröhlich. Ihre Frau spürt sofort, da muss jemand am anderen Ende der Leitung sein, den Sie mögen und über dessen Anruf Sie sich freuen. Tatsächlich ist es Ihr liebster Freund, er hat nichts anderes gesagt als «Hallo, Peter». Sie kennen seine Stimme, den Ton, die Färbung, Sie würden sie aus tausenden heraus sofort erkennen. Die Stimme ist Ihnen vertraut, Sie kennen sie. Aber was heisst «vertraut», was heisst «kennen»? Sie erinnern sich, die Stimme ist gespeichert, und diese Stimme ist nicht auf einer leeren neutralen Diskette gespeichert, sondern in einem Erinnerungskontext, der vielleicht Jahre oder Jahrzehnte zurückreicht; sie waren oft mit dem Anrufer Ski fahren gegangen in wunderschönen Winterlandschaften, sie verbrachten zusammen immer wieder Abende und Wochenenden, sie lachten zusammen, erzählten sich Witze und sie besprachen schwierige Berufs- und Familiensituationen. Sie hören seine Stimme, Sie erkennen die Stimme als seine Stimme, und dies ist nur möglich, weil Sie sich an den Ton und die Farbe dieser Stimme erinnern, und die Stimme ruft schlagartig zwar nicht Erinnerungen an konkrete Einzelerlebnisse wach, aber an die Gefühlsqualität und an das, was die unzähligen Erfahrungen mit diesem Freund Ihnen bedeuten. Es ist eine Gefühlsqualität, welche sich wie ein roter Faden durch eine ganze lange zusammenhängende Phase ihres Lebens zieht, es ist eine Gefühlsqualität, die eine der Konstanten Ihres Lebens ausmacht. Sie hören die Stimme und augenblicklich versetzt Sie diese zeitübergreifende Erinnerung in eine aktuelle Gestimmtheit, die ihrerseits massgeblich beeinflussen wird, wie Sie die neuen Botschaften hören, auswählen, werten und in Ihrem Gedächtnis abspeichern werden.

Im Einkaufszentrum

Sie gehen für Ihren wöchentlichen Grosseinkauf ins Einkaufszentrum, ins gleiche wie jeden Samstag. Sie wissen, was Sie kaufen wollen und gehen zielstrebig von einem Warensektor zum nächsten. Fast blindlings könnten Sie die meisten gesuchten Artikel aus den Gestellen nehmen und in Ihren Einkaufswagen legen. Unablässig verlassen Sie sich auf Ihr Gedächtnis; fast automatisch, ohne sich die Erinnerungen bewusst abrufen zu müssen, finden Sie sich zurecht. Irgendwo müssen Sie sich dann trotzdem fragen: «Wo waren denn die Backfolien, als ich das letzte Mal welche kaufte?» Das ist auch schon länger her, Sie brauchen ja nicht jede Woche neue. Sie fangen an zu überlegen, das heisst, Sie schaffen einen systematischen Abrufraster, der dabei hilft, die zugehörige Erinnerung aufzufinden. Vielleicht versuchen Sie sich vorzustellen, von welcher Seite Sie damals in diese Abteilung hineinkamen, welche anderen Artikel Sie damals auch noch eingekauft hatten usw. Und plötzlich taucht die Erinnerung auf. Wieder anders ist es, wenn Sie unvermutet feststellen, dass eine ganze Gruppe von Produkten in der Zwischenzeit anderswo platziert worden ist. Wahrscheinlich hat eine schöpferische Abteilungsleiterin gefunden, dass diese logischerweise eigentlich mit einem anderen Warensortiment zusammen sein müsste. Das mag sachlich richtig sein, aber jetzt irren Sie hilflos herum, denn Ihr Gedächtnis ist jetzt nicht nur keine Hilfe, es steht Ihnen gewissermassen sogar im Weg, unvoreingenommen auf die Suche zu gehen. Dass die Wirklichkeit nicht mehr Ihren enkodierten Angaben entspricht, macht Sie orientierungslos; die alte Anordnung mag logisch gewesen sein oder nicht, darauf kommt es in diesem Augenblick nicht an. Sie haben sich dank Ihres Gedächtnisses in ihr zurechtgefunden, das gab Sicherheit, war bequem, praktisch, einfach, Sie konnten selber speditiv funktionieren; wo unerwartet eine Veränderung der objektiven Wirklichkeit stattgefunden hat, heisst dies, dass uns unsere Erinnerung nicht mehr führen kann, und der Verlust an Orientierung bedeutet Verunsicherung. Von uns wird ein Aufwand an Energie gefordert. Dies macht uns meist zunächst ärgerlich, und diese Gestimmtheit des Unmuts wird eher hinderlich sein, die endlich wiedergefundenen Produkte mühelos im neuen Kontext zu engrammieren. Das alte Vertraute wehrt sich gegen die Überlagerung und Ersetzung durch das Neue.

Mit dem Auto unterwegs

Wir gehen in die Fahrschule, lernen zuerst Theorie, Verkehrsregeln, Vortrittsrechte etc. Verkehrsschilder und Signale, die verbieten, vorschreiben, erlauben. Wir überlegen uns das Ziel, müssen mögliche Einbahnstrassen mitberücksichtigen, nehmen Ortstafeln und Distanzangaben zur Kenntnis, reden mit der Beifahrerin oder dem Beifahrer, blicken auf die Geschwindigkeitsanzeige. Und wir bewegen das Steuer, stellen den Blinker, schalten, drücken mit den Füssen auf Kupplung, Gas und Bremse.

Was wir tun, ist zum grössten Teil implizites Wissen, das wir andauernd umsetzen. Es ist zum prozeduralen Gedächtnis geworden: Wir können automatisch Dinge handhaben.

Beim Autofahren ist es von höchster Wichtigkeit, dass die implizite Erinnerung als Reflex funktioniert. Wir müssen dem Gelernten nicht mehr bewusst nachspüren, die Hand selbst erinnert sich in Sekundenbruchteilen und reagiert, dreht am Steuer, drückt auf die Hupe, greift nach dem Schalthebel, der Fuss drückt auf das Gaspedal – die Erinnerung wirkt so rasch und automatisch, dass sie allenfalls auch dann aktiv wird, wenn sie keinen Sinn macht, weil wir zum Beispiel ausnahmsweise ein Auto mit automatischer Schaltung fahren: der linke Fuss sucht nach der Kupplung, obwohl es sie in diesem Auto gar nicht gibt.

Alles Lernen ist Erinnerung

In der Schule besuchen Sie den Fremdsprachenunterricht. Französisch, Englisch, Italienisch. Alle Wörter klingen völlig fremd und neu. Ohne einen minimalen Wortschatz geht es nicht. Wie können Sie sich diese Wörter merken? Sie schaffen sich Hilfen, visuelle, akustische, motorische – sogenannte Techniken der Engrammierung. Sie suchen nach Möglichkeiten, den ersten entscheidenden Vorgang, die Enkodierung, zu unterstützen. Sie schaffen Querverbindungen und Zusammenhänge und nutzen diese auch für den Abrufprozess. Auch der emotionale Kontext spielt eine Rolle: Sie mögen die Lehrerin als Person, Sie freuen sich an den betreffenden Schulstunden wegen ihrer Lebendigkeit, dem Einfallsreichtum der Lehrperson oder der spielerischen Atmosphäre, oder Sie langweilen sich, der Lehrer mag Sie nicht und umgekehrt.

Der Lateinlehrer sagte am Gymnasium dutzende Male: «Diese Regeln müssen euch in Fleisch und Blut übergehen!» Sie müssen also zu einer sicheren Erinnerung werden, die jederzeit abgerufen werden kann, die aber weitgehend als implizite Erinnerung funktioniert. Ich sollte nämlich nicht ausdrücklich die Erinnerung abrufen müssen. Die Regeln sind wie zu einem selbstverständlichen

Wissen geworden, das jederzeit präsent und wirksam ist und mir auch gar nicht mehr als Erinnerung bewusst wird.

Erinnerung ist eine Form der Begegnung

Gleiche Erinnerungen –
Gemeinsamkeit und Zugehörigkeit

Die Erinnerung und der Austausch von Erinnerungen schaffen eine besondere Form der Begegnung. Wenn sich Menschen an gleichartige oder sehr ähnliche Erlebnisse erinnern, vor allem wenn diese entweder ganze Lebensperioden prägten oder aber Ereignisse betreffen, die mit einer hohen emotionalen Intensität erlebt wurden, erzeugen solche Erinnerungs-Erfahrungen ein umfassendes, tragendes Gefühl menschlicher Gemeinsamkeit und Zugehörigkeit und eine Art existenziellen Verstandenseins.

Da sind beispielsweise alte Menschen, die vor dem zweiten Weltkrieg auf dem Land aufgewachsen sind, auf Bauernhöfen, die weit vom Dorf entfernt lagen, in alten Häusern, in denen es im Winter keinen warmen Raum gab ausser der Küche und der Wohnstube; sie mussten täglich im Haus oder auf dem Feld mitarbeiten; der Weg zur Schule war weit; Zeit zum Spielen gab es ausser an Sonntagen für die Kinder keine, Gäste kamen nur zwei-, dreimal jährlich auf den Hof, Spannungen unter Nachbarn vergifteten die Dorfatmosphäre. Erinnern sich zwei alte Menschen gemeinsam an eine solche Zeit, so wird jede konkrete Episode, jedes Detail zu einer Art seelischer Heimkehr. Es ist so befreiend, so wohltuend zu spüren, dass dieser andere Mensch nicht nur interessiert oder erstaunt zuhört, sondern wirklich versteht. Er hat nicht nur Einfühlung oder Empathie, er kennt den Geruch und die Farbe dieses Lebens.

Es ist etwas anderes, ob ich jemandem von einem Konzert erzähle, der es nicht gehört hat, oder mit jemandem über ein Konzert rede, an dem wir beide waren. Erinnerungen teilen führt zu einem fraglosen Verstandensein, zu einer seelischen Zugehörigkeit.

Alte Menschen fühlen sich immer einsamer, wenn allmählich Bekannte und Verwandte sterben, die sich an gleiche Ereignisse und Lebensformen erinnern können. Die Enkelin kann schon zuhören, wenn ihr die Grossmutter vom Waschtag erzählt, vom Hafen, der eingefeuert werden musste, den Leintüchern, die man von Hand zu zweit etwas auszuwringen versuchte, von den Geburten zu Hause, von Jahren und Jahrzehnten ohne einen einzigen Ferientag – die Enkelin kann es sogar spannend finden, echt Interesse haben, aber wie das wirklich war, das kann sie nicht nachfühlen, und das spürt die Grossmutter.

Auch die Einsamkeit von Emigranten, Flüchtlingen, Asylanten hat ähnliche Hintergründe. Niemand kennt ihr Heimatdorf in einem schwarz-afrikanischen Land oder in der ehemaligen Sowjetunion, niemand spricht ihre Sprache, niemand ist in jener Kultur aufgewachsen.

Da gibt es keine Erinnerung der Beheimatung, der seelischen Zugehörigkeit, des fraglosen Verstandenseins – und das kann keine noch so gut geschulte Betreuerin, kein noch so hilfsbereiter neuer Nachbar ersetzen – es gibt in der Fremde für jene Personen nur ganz wenige Menschen, mit denen sie die Erinnerungen teilen können.

Die Begegnung mit dem Fremden

Im Lauf der Jahre haben mir einige Dutzend Male Menschen von beeindruckenden Begegnungen erzählt, die sie tief berührten und an die sie sich immer wieder spontan und mit innerem Gewinn erinnern. Das Besondere und Unerwartete dabei war die einfache Tatsache, dass es sich um Begegnungen mit zuvor völlig fremden Menschen handelte, und dass die Begegnung selber eigentlich in nichts anderem bestand, als dass ihnen dieser fremde Mensch seine Lebensgeschichte oder wichtige Teile seiner Lebensgeschichte erzählte. Wiederholt haben mir Bekannte und Freunde, die ihre Ferien auf einem Kreuzfahrtschiff verbrachten, von einer solchen Erfahrung berichtet. Der eine z. B. konnte eines Nachts nicht schlafen. Er stand mitten in der Nacht auf und ging an Deck. Da stand jemand an der Reling und starrte ins Wasser hinaus – die beiden nahmen mit den üblichen Floskeln über die Stille, die frische Luft und den Mond Kontakt auf. Nach kurzer Zeit begann der Fremde zu erzählen, von einer erst kürzlich zu Ende gegangenen Ehe, von Kindern, die in die Drogenszene abgestürzt waren, von einer schönen Kindheit, vom frühen Verlust der Eltern, von beruflichen Erfolgen und Misserfolgen, von «Heldentaten» und Ängsten, vom Glück und von der Not verschiedener Liebesbeziehungen und von tiefsten, letzten Lebensfragen. Eigentlich sprachen die beiden kaum miteinander, es redete nur der Fremde, der fortgetragen wurde vom immer stärker anschwellenden Strom seiner Erinnerungen. Für ihn war der Zuhörer auch ein Fremder, und doch schien es ohne Zweifel so zu sein, dass es für ihn unschätzbar wertvoll war, während ein paar Stunden einen anderen Menschen durch die Räume seiner Vergangenheit zu führen. Gerade dass es ein Fremder war, der da zuhörte, machte die Erfahrung so wertvoll. Da gab es noch keine vorgefassten Meinungen über ihn, keine Vorurteile, keine anders lautenden widersprüchlichen Erinnerungen; da war einfach Raum für seine Erinnerungen, die sich im Zuhörer und dadurch in ihm selber mehr und mehr zu einem sinnträchtigen Ganzen zusammenfügten. Für den Erzähler wird in einer solchen Begegnung der Fremde zur Gottheit selber, die auch immer ein Unbekanntes bleibt und die die fast numinose Erfahrung ermöglicht, uneingeschränkt sich selbst sein zu dürfen.

Seine Lebensgeschichte zu erzählen heisst nichts anderes als zu sagen: «Das bin ich.» Der Erzähler oder die

Erzählerin bleibt mit dem Gefühl zurück, durch eine unvergleichlich tiefe Begegnung reich beschenkt worden zu sein. Dem zuhörenden Freund oder Bekannten erging es nicht anders. Wann immer er von diesen Ferien erzählte, tauchte die Erinnerung an diese nächtlichen Stunden auf, und sie blieben über die Jahre ein Schlüsselerlebnis, ein Highlight jener ganzen Zeit, und sie blieben zurück als Erinnerung an eine überaus denkwürdige und bereichernde Begegnung. Dabei hat der Zuhörer in solchen Situationen so gut wie nichts vom eigenen Leben eingebracht, aber er ist berührt worden von den Erinnerungen eines anderen Menschen. Er ist zum Zeugen einer menschlichen Existenz geworden, zum Zuschauer, welcher der Inszenierung einer Biografie Würde und Bedeutung verliehen hat. Solche Begegnungen über die Erinnerung einer einzelnen Lebensgeschichte haben in sich eine Geschlossenheit und Ganzheit und brauchen gar keine Fortsetzung; weder der Erzähler noch der Zuhörer hat das Gefühl, jetzt müssten sie unbedingt in Kontakt bleiben und einander wieder sehen oder schreiben. Es fühlt sich nicht an, wie ein angefangener Hausbau, sondern wie der Schauspieler und der Zuschauer nach einer gelungenen Aufführung. Beide gehen weg mit dem Gefühl der inneren Fülle und der umfassenden Begegnung.

Die glücklichen Erinnerungsmonologe der Verliebten

Wenn sich Menschen kennenlernen und sich ineinander verlieben, ist bei den meisten die Lust unendlich gross, dem anderen die zahllosen Geschichten und Anekdoten des eigenen Lebens zu erzählen und den Geschichten des anderen zuzuhören. Fast immer produziert dieses beglückende Erlebnis des Erzählens und Zuhörens den illusionären Eindruck, man könne über alles so gut reden. Dabei handelt es sich zu einem beträchtlichen Teil um keine wirklichen Gespräche, sondern um Erinnerungsmonologe. Diese sind in keiner Weise wertlos. Es sind fotografische Momentaufnahmen aus verschiedenen Lebensphasen und Lebenssituationen, die dem oder der Geliebten sagen: «Sieh, das bin ich, und das bin ich auch, und das da bin ich auch.» Allerdings unterliegen in dieser speziellen Beziehungssituation die mitgeteilten Erinnerungen wirksamen Zensurmechanismen. Die Selektion der Erinnerungen geschieht zum Teil recht bewusst. Darf man oder will man dem geliebten Menschen Erfahrungen früherer Beziehungen zumuten? Man möchte ihn ja nicht mit Zweifeln an der eigenen Beziehungsfähigkeit belasten, wenn man über gescheiterte Beziehungen berichtet; oder man hat Angst, solche Mitteilungen könnten Eifersüchte oder Vergleiche wecken. Oder wann und wie viel möchte man erzählen von schulischen oder beruflichen Misserfolgen oder von mühsamen Konflikten mit Angehörigen und Freunden. Auch wenn die meisten Verliebten von dieser Phase der Begegnung erwarten, dass sie einander gegenseitig uneingeschränkt kennenlernen, so werden die spontan auftauchenden Erinnerungen meistens doch auch bewusst mit dem Ziel selektioniert, sich dem anderen als liebenswerten Menschen darzustellen. Auch da, wo man mit Geschichten aus seiner Vergangenheit an die Schwächen rührt, sollen auch diese nach Möglichkeit noch so beleuchtet werden, dass sie diesen Mann oder diese Frau in seiner oder ihrer Menschlichkeit umso wertvoller erscheinen lassen. Noch viel wichtiger sind in dieser Begegnungsphase unbewusste Selektionsmechanismen, welche viele Erinnerungen ans eigene Leben schon gar nicht erst bewusst werden oder aber andere manchmal auch in einer zwanghaften Weise dauernd andrängen lassen. Da gibt es die Menschen, die immer daran leiden, nicht zu genügen, und die sich gerade in einer Zeit der Verliebtheit dauernd daran erinnern, wo im Leben sie nach ihrer eigenen Einschätzung schon versagt haben, oder wie oft man sie schon fallen liess, weil sie offenbar den Erwartungen des anderen nicht genügt hatten. Manche kommunizieren dann auch diese Erinnerungen immer wieder und belasten so die faszinierende Zeit des Kennenlernens oder sie unterdrücken die Mitteilung und leiden dann doppelt unter der Angst, was passieren würde, wenn der andere die ganze Wahrheit erführe, oder sie halten sich schon für unehrlich, weil sie mit diesen Erinnerungen zurückhalten.

Die Erinnerung dient bewusst und unbewusst der narzisstischen Selbstdarstellung oder der masochistischen Selbstentwertung. In beiden Fällen wird sie auch darin zu einem tragenden Element der Selbstmitteilung und Selbstoffenbarung und sie speist weitgehend den energetischen Fluss zwischen den beiden sich liebenden Menschen. Es sind längst nicht immer die Erinnerungen und die Mitteilung der Lebensgeschichte, die den Prozess der Verliebtheit in Gang bringen. Aber die auftauchenden Erinnerungen sind fast immer Katalysatoren der Begegnung und sie tragen wesentlich zur Konsolidierung der Beziehung bei. Sie vermitteln insbesondere die Wunsch- und Idealbilder, wie man selber sein möchte oder meint, sein zu müssen, um akzeptiert zu bleiben. Sie offenbaren anderseits eigene Ängste und konstellieren den Konflikt, ob man zu den wirklichen oder vermeintlichen Schattenaspekten der eigenen Persönlichkeit stehen oder sie verleugnen will.

Erinnerungsbilder und Vorurteile

«Du sollst dir kein Bild machen ...» (2. Mose 20,4)

Im Alltag des Lebens meinen wir oft, etwas oder jemanden zu kennen. Wenn sich diese Erinnerung in der Erfahrung als falsch oder fehlerhaft herausstellt, wird das alte Engramm meistens relativ rasch durch das neue ersetzt und das Leben geht seinen gewohnten Gang weiter. Es gibt aber Lebensbereiche, in denen solche Erfahrungen eine ernsthafte und oft tragische Auswirkung haben. Vor allem gilt dies im Bereich der mitmenschlichen Beziehungen insgesamt und der Partnerbeziehungen im Besonderen. Die ersten Jahre einer engen Beziehung schaffen notwendigerweise nachhaltige Engramme in unserem Gedächtnis. Und die Erinnerungen helfen uns, Reaktionen des Partners oder der Partnerin zu verstehen und einzuordnen, und natürlich bestimmen diese Erinnerungen auch die Gefühlsqualität unserer Reaktionen auf ein aktuelles Beziehungsgeschehen. Ändert sich der Partner oder die Partnerin, bedeutet dies selten eitel Freude; denn zuallererst bedeutet jede Veränderung für uns eine Verunsicherung. Das neue Verhalten passt nicht mehr zu den Enkodierungen in unserem Gehirn. Wir haben keine Erinnerung, die uns als Raster dienen könnte, dieses neue Verhalten zu interpretieren. Dürfen wir ihm trauen? Und was wäre jetzt eine angemessene Reaktion unsererseits? Selbst eine Veränderung jener Verhaltensweisen eines Partners, über die wir uns kontinuierlich ärgern und die wir missbilligen, erzeugt anfänglich meistens mehr Unmut als Genugtuung. Bisher wusste ich, wie er oder sie handeln oder was er oder sie in dieser Situation sagen wird. Und das stimmt jetzt nicht mehr, meine Erinnerung führt mich in eine andere Richtung, die «Besserung» des Partners, des Kindes oder des Mitarbeiters verlangt von mir eine Neuorientierung. Von mir ist die Bereitschaft gefordert, die Erinnerungen, die sich zu statischen Bildern meines Mitmenschen zusammengefügt haben, in ihrer dauerhaften Gültigkeit in Frage zu stellen.

Vor allem in lange dauernden Partnerbeziehungen ist es paradoxerweise so, dass der unter dem Verhalten des anderen Leidende unbewusst der Veränderung des andern einen grossen Widerstand entgegensetzt. Im Bewusstsein wird dies so gut wie immer verleugnet. Es wäre wirklich zu dumm, sich einer Entwicklung in den Weg zu stellen, die unserem Unbehagen ein Ende setzen könnte. Die Muster des unbewussten Widerstands sehen unter anderen so aus: Der Partner beginnt einen Satz, der andere unterbricht schon nach wenigen Worten mit der Bemerkung: «Hör auf, ich kenne diese Platte!» Er will nicht weiter zuhören, denn es könnte ja tatsächlich etwas Neues gesagt werden, was nicht mit den bisherigen Engrammen übereinstimmt. Und solche Interventionen lähmen den Partner, der tatsächlich in einer neuen, gewandelten, vielleicht viel einsichtigeren bezogener Weise hätte reagieren wollen und können, so effizient, dass er wieder für lange Zeit resigniert und selber zu den alten Verhaltensformen zurückkehrt, weil die neuen ja doch keine Chance haben, wahrgenommen zu werden. Oder die neue Reaktion wird explizit verdächtigt, doch nur eine Masche zu sein, um hinters Licht zu führen. Nicht selten wird mit viel Zynismus das Misstrauen ausgedrückt, dass die neue Reaktion nur über die wahren Gefühle und Absichten hinwegtäuschen wolle. Verinnerlichte Bilder eines Partners, einer Partnerin, die Summe vieler Erfahrungen, die als Erinnerung weiterleben, sind zunächst höchst hilfreich, sich auch in einer menschlichen Beziehung rasch zurechtzufinden und gegenwärtige Beziehungserlebnisse in ihrer Bedeutung zu erfassen und in die Gesamtheit der Beziehung einzuordnen. Aber diese Erinnerungsbilder haben eine unglaubliche Eigendynamik. Sie wirken auch als starke Erwartungen. Weil es in der Vergangenheit so war, muss es auch jetzt und in Zukunft so sein. Die alten Engramme werden geradezu zu einer Forderung an die Welt, sich gefälligst so zu verhalten, dass sie mit ihnen übereinstimmt. Die Erinnerung hat ihr eigenes Trägheitsgesetz, das sich – wie in der Physik – jeder Richtungsänderung einer Bewegung entgegensetzt. Selbst die Fortsetzung des Leidens scheint oft leichter erträglich als eine Veränderung, weil sie die Verlässlichkeit der Erinnerung bestätigt und keine Korrektur der Erinnerungsbilder fordert. Wichtige Erinnerungsbilder, und das sind u. a. Partnerbilder, werden zu einem Teil des eigenen Identitätserlebens, und ohne eine beträchtliche innere Verunsicherung können wir Teile unserer Identität kaum je aufgeben.

Erinnerung und Traum

Tagesreste von gestern

Das Haus der Jugend – das Dorf der Kindheit

Kaum jemand ist überrascht, im Traum einen Kollegen zu sehen, dem wir am Vortag auf der Strasse begegnet sind. Sigmund Freud nannte diese Traumelemente, die ganz offensichtlich mit Erlebnissen der jüngsten Vergangenheit zusammenhängen, Tagesreste. Sie scheinen im Allgemeinen von geringer Bedeutung zu sein und eher zufällig als Material in die nächtlichen Bilder Eingang gefunden zu haben. Allerdings bleibt die spannende Frage unbeantwortet, warum gerade dieses Ereignis im Traum aufgegriffen wurde. Denn der Vortag oder die dem Traum vorangehenden Tage waren gefüllt nicht nur mit Dutzenden, sondern mit Hunderten oder Tausenden von Eindrücken, kurzen Gesprächen, alltäglichen Ereignissen und Gefühlsreaktionen. Warum taucht im Traum gerade dieser eine Kollege wieder auf? Die Begegnung mit ihm war weder besonders spannend noch ärgerlich, er gehört weder beruflich noch privat zu den Menschen, die mir besonders wichtig sind.

In einem hohen Prozentsatz der Träume, in denen solche nur wenig zurückliegende Ereignisse erinnert werden, erscheinen auch Elemente, die einer viel früheren Phase unseres Lebens angehören. Das Dorf, in dem ich im Traum den Kollegen sehe, ist z. B. nicht das Dorf, in dem ich jetzt wohne, sondern das Dorf, in dem ich bis zu meinem 12. Lebensjahr gewohnt hatte. Und das Geschäft an der Strasse erinnert an ein Geschäft, in dem ich während meiner Lehre öfter einkaufen ging. Auch das Umgekehrte ist oft der Fall. Sie treffen im Traum an Ihrem jetzigen Arbeitsplatz einen Mitschüler vom Gymnasium, den Sie schon 20 Jahre nicht mehr gesehen haben und an den Sie auch kaum je denken. In Ihrer bewussten Erinnerung hatte er in Ihrem Leben keine besondere Bedeutung, er war kein enger Freund, er war aber auch in keiner anderen Weise auffällig.

Zuordnung und Konsolidierung

In vielen Träumen werden die verschiedenen Zeiträume Ihrer bisherigen Lebensgeschichte in eine einzige Gegenwart verschmolzen. Kindheit, Jugend und das aktuelle Erwachsenenalter erscheinen als eine Einheit. Im Traumerleben wird die erinnerte Vergangenheit zur erlebten Gegenwart. Sie erinnern sich im Traum nicht, dass Sie in jenem bestimmten Dorf gewohnt hatten; nur das Wachbewusstsein stellt fest, dass das Dorf im Traum dem Dorf entspricht, in dem Sie als Kind gewohnt hatten. Im Traum ist jene Vergangenheit Hier und Jetzt. Die Zeit, die im Wachbewusstsein auseinandergefaltet ist, erscheint im Traum insgesamt als gegenwärtige Wirklichkeit. Im Traum werden die räumlich und zeitlich verzettelten Ereignisse des Lebens zu einer kohärenten Lebensgeschichte verknüpft. Es gibt immer mehr Forscher, die den eigentlichen Sinn der Träume genau darin sehen, die täglich neu auf einen Menschen einströmenden Erlebnisse mit der Vergangenheit dieses Menschen in Verbindung zu setzen. Die aktuellen Ereignisse werden entsprechend ihrer emotionalen, rationalen und spirituellen Bedeutung Ereignissen von einer ähnlichen emotionalen, rationalen oder spirituellen Qualität in der Lebensgeschichte des Träumers zugeordnet. Isolierte Fakten werden in grosse Themenkreise und Bewegungslinien des Lebens eingefügt. Man könnte an die Neuzugänge in einer grossen Buchhandlung denken. Erst nachts, wenn das Personal nicht mit den Kunden beschäftigt ist, bleibt die notwendige Zeit und Energie, die neuen Bücher in den entsprechenden Regalen mit der entsprechenden Literatur einzuordnen. Insofern wird die Traumarbeit der Psyche zu einem wesentlichen, immer wieder stattfindenden Konsolidierungsprozess. Inhalte des Kurzzeitgedächtnisses werden in einem verwandten Kontext gespeichert und dort zu Langzeiterinnerungen. Dieser Prozess findet allerdings nicht nur in jenen wenigen Träumen statt, die unser Bewusstsein erreichen und darum erinnerbar sind. Die Schlaf- und Traumforschung der letzten 50 Jahre hat immer wieder bestätigt, dass dieser Vorgang in allen sogenannten REM-Phasen stattfindet. 1953 war von amerikanischen Forschern entdeckt worden, dass es während des Schlafs bei jedem Menschen (und auch bei Säugetieren) Phasen mit einer besonderen Hirnaktivität gibt, die sich gleichzeitig mit «rapid-eye-movements» äussert. Diese REM-Phasen machen beim erwachsenen Menschen ca. 18 bis maximal 33 Prozent des Schlafes aus. Werden Menschen während dieses REM-Schlafes geweckt, können sie regelmässig Träume erinnern; die Zeiten zwischen diesen REM-Phasen aber scheinen ebenso regelmässig traumlos zu sein.

Ebenfalls machen Erinnerungen an Kindheitsträume auf die Bedeutung der Konsolidierungsprozesse aufmerksam. Weil es sich dabei meistens um Wiederholungsträume handelt, wird der erlebte Trauminhalt immer wieder im Bewusstsein gegenwärtig. Meistens erzählen Kinder diese Träume auch spontan ihren Eltern und vertiefen dadurch die Engrammierung; und erzählend erinnern sie sich an die ähnlichen Träume, die sie in der Vergangenheit hatten. Wenn diese Kindheitsträume auch nach 30, 40 oder mehr Jahren erinnert werden, geschieht dies mit dem subjektiven Gefühl der unbedingten Verlässlichkeit. Die Überprüfung zeigt jedoch, dass auch diese Erinnerungen oft beträchtlichen Verzerrungen unterworfen sind. Freilich schmälern diese Erinnerungstäuschungen die Bedeutung der erinnerten Kindheitsträume nicht. Sie gewähren so gut wie immer einen Blick auf die Urerfahrungen eines Menschen und entscheidende Prägungen, die ein Leben lang die Grundgestimmtheit, Tiefenängste und schöpferischen Möglichkeiten beeinflussen und mitbestimmen. Die Träume der Kindheit, an die wir uns auch als Erwachsene noch erinnern, stellen oft eine Art Lebensskript dar, das uns bei der Entschlüsselung unserer Aktionen und Reaktionen wesentlich behilflich sein kann.

Träume als Schulzimmer des Lernens und Selektionsverfahren des Vergessens

In verschiedenen Experimenten ist in den letzten Jahren nachgewiesen worden, dass die REM-Phasen bei Menschen und Tieren in einem Zusammenhang mit den aktuellen Lernprozessen stehen. Unter anderem konnte gezeigt werden, dass Menschen in Zeiten, in denen sie sich mit schwierigen Problemen auseinandersetzen und neue Lösungsmöglichkeiten finden müssen, einen grösseren Anteil an REM-Schlaf aufweisen als in Zeiten, in denen sie weniger gefordert sind. Aufgrund der vorliegenden Studien muss angenommen werden, dass durch die Traumaktivität Lernprozesse gefestigt werden. In den REM-Phasen scheinen sich darüber hinaus auch Möglichkeiten für neue Bewältigungsstrategien zu erschliessen. Und die erinnerten Träume erweisen sich oft bereits als innere Übungsschritte, auf die der betroffene Mensch im Wachzustand bereits wie auf die Erinnerung einer Erfahrung zurückgreifen kann.

Eine 30-jährige Frau träumt zum Beispiel, dass sie mit der Mutter selbstsicher argumentiert und sich klar abzugrenzen wagt – etwas, was vorher in der äusseren Wirklichkeit noch nie möglich war. Im Traum wird das veränderte Verhaltensmuster erstmals durchlebt und damit als mögliches potentes Muster in der Erinnerung abrufbar.

Erstaunlicherweise kommen eine Anzahl von Forschern aufgrund ihrer Experimente auch zu dem gegenteiligen Schluss, dass nämlich Träume auch psychische

Prozesse darstellen, in denen Ereignisse und Erlebnisse, die nicht mehr von vitaler Bedeutung erscheinen, ausgesondert und aktiv aus dem Gedächtnis gelöscht werden. Dadurch würde einerseits den verbleibenden Erinnerungen mehr Raum und Bedeutung gegeben und anderseits die Psyche erst in die Lage versetzt, neue Ereignisse zu enkodieren und zu engrammieren. Bei der unübersehbaren Anzahl von Eindrücken, denen ein Mensch täglich ausgesetzt ist, braucht der Mensch auch neurologische und psychische Systeme, welche die Flut von neuen Enkodierungen gleichsam sichten und filtrieren, bevor sie im Langzeitgedächtnis abgespeichert werden. Und Inhalte des Langzeitgedächtnisses müssen auf ihre Bedeutsamkeit hin überprüft werden, um dann mit neuen Erinnerungsinhalten kombiniert oder im Strom des Vergessens versenkt zu werden. In den Traumphasen scheinen solche Selektionsvorgänge stattzufinden, die das Gedächtnis davor bewahren, mit Millionen von unbedeutenden Erinnerungen belastet zu werden. Dasselbe Selektionsverfahren scheint bereits bestehende Erinnerungsengramme einzuebnen, wenn die gespeicherten Informationen und Gefühle keine für das Individuum wichtigen Verbindungen herstellen können. In den Traumprozessen scheinen Vorgänge stattzufinden, die sowohl der Vertiefung des Erinnerns als auch dem selektiven Ausscheiden von möglichen Erinnerungsinhalten und das heisst dem sinnvollen und notwendigen Vergessen dienen.

Die Studien scheinen auch die Annahme zu rechtfertigen, dass Inhalte aus dem Langzeitgedächtnis eliminiert werden, damit die Speicherkapazität für neue Engramme erhöht oder erhalten wird. Dieses Vergessen, obwohl als aktives Vergessen bezeichnet, ist keine Ich-Leistung, d. h. keine Entscheidung vom bewussten Ich her, sondern ein innerer Steuerungsvorgang.

Zeitliche und formale Regression

Forscher verschiedenster Provenienz (Neurologen, Vertreter der kognitiven, humanistischen und integrativen Psychologie, und Analytiker der Freud'schen und Jung'schen Richtung) haben in der zweiten Hälfte des 20. Jahrhunderts mit vielen Untersuchungen und Fallstudien bestätigt, dass sich in den Träumen fast immer Elemente der Vergangenheit und besonders Erfahrungen der frühen Kindheit manifestieren. Insofern hat Freuds Vision vom regressiven Charakter der Träume seine Richtigkeit. Die Träume stellen semantische und emotionale Brücken in die Lebensgeschichte eines Menschen dar, sie sind gleichsam die Webstühle, welche die Fäden der Gegenwart mit jenen der Vergangenheit zu einer einheitlichen Geschichte verknüpfen. Die Träume stellen aber nicht nur eine zeitliche Regression dar; auch in formaler Hinsicht machen sie einen eindeutig regressiven Eindruck. Die Art, wie sie die Wirklichkeit des aktuellen und vergangenen Lebens zur Darstellung bringen, entspricht in ihrer elementaren Bildhaftigkeit im Allgemeinen viel mehr den Erlebnisstrukturen des Kindes und weniger den rational-abstrakten Auffassungsmöglichkeiten des Erwachsenen. Dafür folgendes Beispiel:

Der Mann mit der Spinnenphobie

Ein Mann, der an einer ausgesprochenen Spinnenphobie leidet, kommt in die Therapie. Obwohl er im Übrigen in keiner Weise ein ängstlicher Mensch ist, könnte er eine Spinne niemals anfassen und sie auch nicht mit Hilfe eines Bechers oder anderer Instrumente aus der Wohnung entfernen. Er erträgt es nicht einmal, in einem Raum zu sein, in dem sich eine Spinne aufhält. Selbst wenn nur eine begründete Vermutung besteht, dass sich eine Spinne hinter einem Möbelstück versteckt halten könnte, kann er den Raum nicht mehr betreten, bis seine Frau oder Freunde die

Situation geklärt haben. Auch in seinen Träumen verfolgen ihn Spinnen, sie lassen sich von der Decke herunterbaumeln oder sitzen an einer der weissen Wohnzimmerwände. Er erwacht jeweils voller panischer Angst, mit Herzklopfen und schweissgebadet. In einer der ersten Therapiestunden frage ich ihn, was ihm denn alles einfalle, wenn er das Wort «Spinne» oder «spinnen» höre. Ich mache selber darauf aufmerksam, dass wir das Wort in der deutschen Sprache ja auch als Verb gebrauchen. Da kommt es plötzlich wie eine Erleuchtung über ihn und er sagt mir mit grosser Bestimmtheit, dass ihm jetzt völlig klar sei, womit seine Spinnenphobie zu tun habe. Er sei ein phantasievolles Kind gewesen und er habe viel vor sich hingeträumt. Und da habe ihm sein Vater über all die Jahre seiner Kindheit und Jugend immer wieder gesagt, Hunderte Male, Tausende Male: «Du spinnst!» oder «Du bist doch ein fertiger Spinner.» Die Spinnenträume des Klienten sind insofern formal regressiv, als sie in naiv-kindlicher Weise das Sprachbild wortwörtlich nehmen. Für das erwachsene Verständnis könnte das Wort etwa mit folgenden Inhalten wiedergegeben werden: Das, was du sagst, ist Unsinn; du denkst in einer Weise, die nicht logisch ist; du vertrödelst deine Zeit mit Vorstellungen, die sich in dieser Welt der Schule oder der Arbeit nicht umsetzen lassen; deine inneren Bilder sind wertlos, weil sie nicht pragmatisch genug sind. In den Traumbildern und in seinen phobischen Ängsten reagiert der Klient in gleicher Weise regressiv: Das konkrete Wesen, die Spinne, tritt an die Stelle des gemeinten Inhalts. Mit der Vernunft weiss der Klient als Erwachsener mit völliger Klarheit, dass die Spinnen, die er im Traum sieht, und jene, die es ab und zu in seiner Wohnung hat, ungefährlich sind. Auf der Ebene ihrer tieferen Bedeutung aber sind sie absolut bedrohlich. Der Klient wurde vom Vater als Mensch entwertet und damit in seinem Selbstwertgefühl, in seinem Selbstvertrauen verletzt. Die Bemerkungen des Vaters führten zu einem bleibenden Grundgefühl, sich anzuzweifeln und alle eigenen Gedanken und noch viel mehr seine schöpferischen Phantasien lächerlich zu machen. Nach diesem Aha-Erlebnis und der Erkenntnis, dass die Angst vor Spinnen in einem seelischen Zusammenhang mit den destruktiven Äusserungen seines Vaters stand, verlor die Phobie des Klienten ihre Dynamik und verschwand innert weniger Wochen gänzlich.

Kindheitsträume

Viele Menschen erinnern ein Leben lang den einen und anderen Traum ihrer Kindheit. In den meisten Fällen handelt es sich um Träume, die sich in ähnlicher Weise während Monaten, manchmal sogar während Jahren wiederholt hatten. Und es sind auch vorwiegend Träume, die mit grosser Angst besetzt waren. Offensichtlich gehören Träume im Leben vieler Kinder zu den herausragenden Ereignissen, die wegen ihrer emotionalen Intensität nie völlig aus der Erinnerung verschwinden und periodisch durch einen zufälligen Abrufkontext wieder ins Bewusstsein kommen. Sie können aber meistens auch durch eine gezielte Bemühung jederzeit hervorgeholt werden. Allein die Tatsache, dass von recht vielen Menschen Träume der Kindheit erinnert werden können, belegt die wichtige Erfahrung, dass nicht nur reale äussere Ereignisse eine unauslöschbare Spur im Gedächtnis eines Menschen zurücklassen können, sondern dass auch Bilder, die mit keinem äusseren Ereignis zu tun haben, im Erleben eines Menschen so wichtig werden können, dass sie nicht vergessen werden können. Diese Feststellung rechtfertigt auch die umgekehrte Annahme, dass Erinnerungen an Erfahrungen der Kindheit, so klar und emotional stark sie auch sein mögen, für sich genommen kein Indiz dafür sind, ob die Ereignisse einen historisch-objektiven Charakter haben, oder ob ihnen «nur» eine innere Wahrheit, die Wirklichkeit eines Traumes, einer Vorstellung, Phantasie oder Tagtraumes zugesprochen werden kann. Von existenzieller Bedeutung wird dies bei Erinnerungen an frühe Traumatisierungen.

Erinnerung als schöpferischer Prozess

Die Vertreter der kognitiven Psychologie haben lange vernachlässigt – und tun es teilweise noch immer – und ausdrücklich geleugnet, dass die Erinnerung einen eminent subjektiven Charakter hat. Sie haben die Gedächtnisleistung des Menschen mit der Speicherfunktion eines Computers verglichen. Ereignisse würden demnach unabhängig von der Lebensgeschichte des Menschen, der erinnert, und unabhängig von seiner aktuellen Lebenssituation als objektive Fakten engrammiert und sie wären als solche auch wieder zu einem späteren Zeitpunkt abrufbar. Die grosse Mehrheit der Fachleute, die das Gedächtnis und die menschliche Erinnerung in den letzten Jahrzehnten erforscht haben, ist zu einem völlig anderen Bild gekommen. Das menschliche Gedächtnis arbeitet in keiner Weise in der Art einer Sekretärin, die eine Sitzung protokolliert, oder in der Art einer Fotokamera. Es ist viel eher vergleichbar mit einem Maler, der eine Landschaft oder ein Porträt malt. Er sucht das Wesentliche zu erfassen und sichtbar zu machen. Aber was das Wesentliche dieses Menschen oder dieser Landschaft ausmacht, bestimmen seine Wahrnehmung und seine Beziehung zu diesem Menschen oder zu dieser Landschaft. Mit anderen Worten: Was das Gedächtnis enkodiert und engrammiert und wie das Gedächtnis etwas engrammiert, ist davon abhängig, was in diesem Gedächtnis schon als Erinnerungsschatz vorliegt. Und in einer späteren Phase ist das, was als Erinnerung abgerufen wird und wie das Abgerufene erinnert wird, immer davon abhängig, in welchem Lebenskontext diese Erinnerung abgerufen wird und was sich in der Zwischenzeit zwischen dem ursprünglichen Ereignis und dem Erinnerungsabruf zugetragen hat, was in irgendeiner Weise einen Zusammenhang mit dem Erinnerten hat.

Ein Vorkommnis wird nicht in einem leeren Abstellraum abgelegt, sondern in der Seele mit den bisherigen Erlebnissen – mit dem Ganzen des bisherigen Lebens – in Beziehung gesetzt.

Die Erinnerung selbst ist ein subjektiver und schöpferischer Vorgang. Der Prozess findet jedoch ohne die gestaltende Kraft und Vision des Bewusstseins statt. Das Ich des sich erinnernden Menschen ist nicht das Subjekt der Erinnerung, d. h. das Ich ist nicht der verantwortliche Macher, der das Material der wirklichen Ereignisse und die in der Psyche bereits vorhandenen Informationen und Muster zu etwas Neuem verarbeitet, das beiden Rechnung trägt, der Welt der Fakten und der Welt der inneren Bilder und Gefühlsstrukturen. Erinnerung geschieht einfach. In den «Werkstätten» des Gehirns und der Psyche wird ohne das Zutun einer bewussten Ich-Instanz unablässig «gearbeitet» und Altes und Neues zu jener Schatztruhe zusammengebaut, welche es dem Individuum ermöglicht, sich einerseits automatisch im Leben zurechtzufinden und im Sinn der Lebenserhaltung und Lebensförderung zu reagieren und anderseits Erinnerungen abzurufen, welche für das bewusste Ich die Voraussetzung schaffen, zu analysieren, zu werten und Entscheidungen zu treffen.

Die Erinnerung in der Sprache

Im Spanischen und Italienischen heissen die Wörter für das sich Erinnern: «ricordarsi» respektive «acordarse». Das Wort «cor» (= Herz) steckt in diesen Verben. In der Erinnerung holen wir Vergangenes wieder an unser Herz heran, es wird nochmals mit dem Herzen erfahrbar. Damit ist etwas Wesentliches festgehalten. Das Herz steht in der ganzen jüdisch-christlichen Tradition für die Mitte, das Zentrum unseres Daseins. Es ist das Gefühl, aber es ist noch viel mehr. «Mit dem Herzen sieht man gut.» Für die hebräische Kultur ist das Herz auch der Ort wirklichen Erkennens und wesenhaften Denkens. Das Ganze des Menschseins ist betroffen und gemeint, Leib und Seele, Geist und Materie. Wer sich erinnert, erlebt ein Stück Vergangenheit als lebendige, intensive Gegenwart. Die Erinnerung holt das, was vom blossen Verstand aus gesehen weit zurückliegt, wieder ins Zentrum aktueller Existenz herein. Es ist nicht Erinnerung ans Leben, in der Erinnerung wird Vergangenheit wieder lebendige Gegenwart.

Auch die deutsche Sprache deutet eine ähnliche Erfahrung an. «Er-innern» hat offensichtlich damit zu tun, dass etwas, das einmal konkretes äusseres Ereignis und Faktum war, als innere Wirklichkeit neu erfahren wird. Nur der äussere Zeitrahmen, gebildet durch die lineare Betrachtungsweise unseres rationalen Ichs, gehört der Vergangenheit an, die innere Substanz, das Wirkliche, Eigentliche wird in der Erinnerung zur unverlierbaren Gegenwart. Auch das englische «re-member» verweist auf dasselbe Geschehen. Auch das Vergangene, wenn es je unser Leben wirklich betroffen hat und Teil unseres Lebens war, bleibt ein «member», ein Glied unseres psychischen Organismus. In der Erinnerung wird dieses Glied, dieser wesenhafte Teil unserer Existenz angeschlossen an unser Bewusstsein. Ohne diese Erfahrung des «remembering» wären wir verstümmelte, amputierte Wesen. Die Vergangenheit ist Teil unseres Daseins geworden, sie lässt sich nie mehr unbeschadet abtrennen.

Andere Wörter betreffen mehr den Vorgang des sich Erinnerns, etwa das englische «recall» oder das französische «rappeler». Vergangenheit wird zurückgerufen; sie war immer da, aber im Prozess der Erinnerung wird sie abgerufen. Diese Ausdrücke machen auch deutlich, dass der Erinnerungsprozess nicht immer spontan ist, sondern oft auch eine bewusste und gewollte psychische Aktivität darstellt.

Wieder andere Wörter wie das deutsche «gedenken» machen darauf aufmerksam, wie Erinnerung auch einen Denkprozess darstellt. Erinnerung ist mehr als mechanische Reproduktion, Erinnerung ist auch geistige Verarbeitung, Deutung, Zuordnung und schöpferische Bearbeitung.

Die Bedeutung der Erinnerung in den Religionen

Das Geheimnis der Erlösung liegt in der Erinnerung[5]

Ausgeprägter als andere Religionen sind die jüdische und die christliche in ihrem Wesen «Erinnerungs-Religionen». Fast alle ihre grossen Feste, ihre wichtigen Liturgien, ihre tragenden Gebete und ihre Glaubensinhalte sind in ihrem Kern Gedächtnisfeiern, Vergegenwärtigung einer weit zurückliegenden Vergangenheit, Inszenierung von Ereignissen, in denen für den gläubigen Menschen Gottes Wirken und Handeln greifbar geworden war. Obwohl die Herkunft des Wortes «religio» nicht eindeutig gesichert erscheint, bestätigt doch die eine plausible Etymologie die Deutung der Religion als eine Rückkoppelung des gegenwärtigen Menschen an seinen Ursprung.

Die alles überragende christliche Liturgie wird ausdrücklich als Gedächtnis bezeichnet und als Wiederholung des letzten Mahles begangen, das Jesus mit seinen Jüngern gegessen hatte.

Das Abendmahl in den Kirchen der Reformation und die Eucharistiefeier in der katholischen Kirche haben auch immer in aller kompromisslosen Deutlichkeit daran festgehalten, dass in dieser Erinnerungsliturgie ein vergangenes Geschehen wirksame Gegenwart wird. Die Erinnerung an Jesu Tun macht ihn als innere Wirklichkeit,

---

5   jüdisches Sprichwort

als Erfahrung des Herzens präsent. Wie die Bibel berichtet, lud Jesus selber mit ausdrücklichen Worten dazu ein, im Gedächtnis an ihn dieses Mahl weiter zu feiern. «Dies tut zu meinem Gedächtnis.» (Lukas 22,19)

Weihnachten, Ostern und Pfingsten sind in der christlichen Tradition bis auf den heutigen Tag die Feste geblieben, an denen die zentralen Glaubensinhalte gefeiert werden. Weihnachten erinnert an die Geburt Jesu, und an Pfingsten wird der Herabkunft des Heiligen Geistes gedacht. An Karfreitag und Ostern wird vielerorts der Tod und die Auferstehung Jesu buchstäblich in Szene gesetzt, und auf diese Weise der Glaube verstärkt, dass religiöse Erinnerungsfeiern immer den Anspruch haben, vergangene Erfahrung in der Gegenwart von Neuem wirklich werden zu lassen. Darüber hinaus gibt es die zahllosen kleineren Feste, die an Ereignisse des Lebens Jesu oder des Lebens der Mutter Jesu erinnern: Christi Himmelfahrt, die Beschneidung und Taufe Jesu, seine Verklärung auf dem Berg oder die Geburt Mariä, die Verkündigung durch den Engel usw. Die katholische Kirche begeht zudem unzählige Erinnerungsfeste im Zusammenhang mit dem Tod und dem Leben der von ihr verehrten Heiligen.

Bis heute greift die Christenheit in ihrem Beten auf die Psalmen zurück und wiederholt damit Lobpreisungen und Bitten von Menschen, die sich vor Jahrtausenden an ihren Gott wandten, in ihrer Verzweiflung und Not, und in Dankbarkeit und Freude. Auch der Sonntag hat Erinnerungscharakter: An ihm wird der Auferstehung Jesu gedacht.

In der jüdischen Tradition wird der Sabbat gefeiert, Woche für Woche, ein Tag, der den Lebensrhythmus insgesamt prägt. Er ist ein heiliger Tag, der viel mehr als die Erfüllung eines Gebotes darstellt. Der Sabbat ist die Brücke, welche die Gegenwart mit all ihren Aktivitäten und Leiden, ihren Konflikten und Anstrengungen um ein geordnetes Leben verbindet mit dem Uranfang der Schöpfung, jenem siebten Tag, an dem Gott ruhte. Im Sabbat wird die ursprüngliche Schöpfungsordnung mit ihrem Frieden wieder gegenwärtig. Es ist nicht irgendeine Vergangenheit, sondern der Ursprung schlechthin, der mit diesem Tag erinnert und damit ins aktuelle Leben hereingeholt wird. Die heile Welt des Anfangs wird in der aktiven Erinnerung zur heilenden Kraft der Gegenwart.

Das Laubhüttenfest, hebräisch Sukkoth, ist das Erntedankfest der Juden und erinnert an Israels Wanderung durch die Wüste (3. Mose 23,43). Passah ist eines der wichtigsten Familienfeste im Judentum, eines der drei Wallfahrtsfeste; und es wird gefeiert in Erinnerung an die «Verschonung» Israels in Ägypten und seinen Auszug. Und bis heute wird bei der Seder-Feier, dem festlichen Passah-Mahl, die Erzählung vom Auszug aus Ägypten rezitiert und so in der Vergangenheit erfahrene Befreiung ins aktuelle Leben integriert. Schawuot schliesslich, das dritte der jüdischen Wallfahrtsfeste, ist ein Gedenktag an die Tora-Offenbarung am Sinai.

Erinnerung als Fundament der Hoffnung

Religion ist die Umsetzung geschichtlicher Ereignisse in persönliche Erfahrung. Die religiösen Erinnerungsfeiern und Erinnerungsrituale sind Instrumente, mit deren Hilfe Vorkommnisse der Vergangenheit in ihrer Bedeutung für das je individuelle Leben erkannt und erlebbar gemacht werden. In den Liturgien und Festen der Religionen wird nicht die objektive historische Wahrheit gesucht und behauptet, es wird vielmehr das zelebriert, was in der Überlieferung als Einbruch des transzendenten Göttlichen in die Geschichte der Menschen verstanden wurde. Diesem Numinosen soll durch die religiöse Praxis sich erinnernder Aktualisierung Raum geschaffen werden, den Menschen zu ergreifen und in seinem Herzen, seinem innersten Wesen zu berühren.

Hoffnung stellt gleichsam den Nerv der jüdisch-christlichen Religion dar. Hoffnung ist Ausrichtung auf die Zukunft, aber sie nährt sich in der jüdisch-christlichen Tradition ausschliesslich aus der Erfahrung der Vergangenheit. Sie stützt sich nicht auf irgendwelche Versprechen oder auf moralische Appelle oder ideale Einstellungen. Die Hoffnung stützt sich vollumfänglich auf Erinnerung. Unablässig wird dem Menschen ins Gedächtnis zurückgerufen, was er in der Vergangenheit erlebt hat: Das hat Gott getan und das und das. Es ist diese Erfahrung, die das Fundament der Hoffnung darstellt. Es braucht niemand ins Leere zu vertrauen. Hoffnung ist realistisch, sie erinnert die Ereignisse der Vergangenheit und kann mit einer geradezu nüchtern pragmatischen rationalen Einstellung folgern: Wenn das so war in der Vergangenheit, ist es nicht mehr als sinnvoll, auch der Zukunft zu vertrauen. Ohne Erinnerung gibt es keine begründete Hoffnung, ohne Erinnerung an die Vergangenheit gibt es keine Perspektiven für die Zukunft.

Erinnerung als Lebenssinn im Alter

In einer Kultur der Massenmedien ist die Kultur der Erinnerung weitgehend degeneriert. Sie ist verkümmert und hat damit ihren inneren Wert verloren. Aber es sind auch viele Ansätze sichtbar, die zeigen, dass die Erinnerung wieder neu entdeckt wird als eine eigenständige Quelle, aus der für das Individuum und das Kollektiv Lebens- und Sinnerfahrung zufliesst.

Der alte Mensch kann auf Jahrzehnte zurückschauen. Gleichzeitig gibt es immer weniger Projekte, die ihn zukünftig faszinieren können. Und die Gegenwart ist bei den meisten älteren Menschen kaum mehr angefüllt mit Ereignissen, die interessant genug erscheinen, dass sie sie anderen gerne weitererzählen möchten. Dies gilt vor allem für die Zeit nach der beruflichen Pensionierung; es gibt keine Vorgesetzten und Untergebenen mehr, über die man sich gebührend ärgern könnte; keine Kunden, die unmögliche Forderungen stellen; keine kritischen Situationen, die man dank seiner Schlauheit, seiner Überzeugungskraft oder seiner unübertroffenen Weitsicht entgegen aller Erwartungen einer guten Lösung zuzuführen vermochte. Ohne das gewohnte Arbeitsumfeld fehlen vielen Menschen auch die Bezugsquellen für neue Witze; der Alltag ist nicht mehr gewürzt mit Anekdoten über die unvorstellbare Dummheit von Mitmenschen; nicht mehr garniert mit Gerüchten über heimliche Liebschaften oder unlautere Geschäftspraktiken und man ist nicht mehr beunruhigt über drohende Firmenfusionen und Entlassungen. Der Raum der Seele ist bei alten Menschen weder gefüllt mit aktuellen Vorkommnissen noch belegt mit Projekten für die Zukunft. Da ist viel Platz für die Vergangenheit.

«Die ewig gleichen Geschichten»:
Spontanerinnerungen

Eigentlich müsste die Feststellung erstaunen, wie dürftig die Erinnerungen sind, die spontan aus den Fluten des vergangenen Lebens auftauchen. Dies gilt auch für die meisten Menschen, die ein reiches, intensives und vielfältiges Leben gehabt haben und dieses Leben auch bewusst als eine grosse Fülle in sich wahrnehmen. Aber es sind nur eine Handvoll Erlebnisse, es sind immer die gleichen Episoden und Geschichten, die an die Oberfläche kommen und zum Besten gegeben werden. Für sich genommen sind es grossenteils Ereignisse, die durchaus eindrucksvoll sind, spannend, mit einem beträchtlichen Mass an Seltenheitswert. Für Zuhörer und Zuhörerinnen, die sie erstmals vernehmen, haben sie einen grossen Informations- oder Unterhaltungswert; sie wirken anregend, belustigend oder erstaunlich.

Bei Männern sind es vorwiegend Ereignisse beruflicher und sportlicher Natur, die sich zurückmelden, wenn sie mit Freunden oder Bekannten zusammen sind. Eine sportliche Leistung, z. B. der unerwartete Gewinn eines Meistertitels, der schon 30 Jahre zurückliegt, wird bei jeder Gelegenheit, bei der sich auch nur der kleinste Haken bietet, an welchen diese Geschichte angehängt werden kann, wortreich wiedererzählt. Sogar die leiseste Andeutung eines möglichen Zusammenhangs, in welchen die immer wieder erinnerte Episode eingefügt werden kann, genügt. Für die Zuhörer und Zuhörerinnen ist es oft überhaupt nicht ersichtlich, was für ein Element, was für ein Stichwort des vorangehenden Gesprächs den Abruf dieses offensichtlich weit entfernten Erinnerungsinhalts ausgelöst haben könnte. Angehörige, welche die Geschichte schon dutzende oder hunderte Male über sich ergehen lassen mussten, nutzen sehr oft jeden Vorwand, um sich diskret in die Küche zu retten. Freunde und

Bekannte, welche das «geschichtsträchtige Ereignis» auch schon auswendig kennen, geben sich alle denkbare Mühe, freundlich interessiert zu wirken; dabei trösten sie sich oft damit, dass ja wohl noch der eine oder andere Gast da sein mag, für den die Erzählung neu ist.

In der Schweiz gehören zu diesen typischen Spontanerinnerungen auch Erlebnisse aus der Militärdienstzeit. Sattsam bekannt ist, wie stereotyp Vorfälle aus dem Militärdienst erinnert und erzählt werden. Dies ist noch vor allem bei jener Generation, die zwischen 1939 und 1945 den sogenannten Aktivdienst erlebt hat, sehr ausgeprägt. Die Geschichten haben meistens mit Situationen zu tun, die als extreme Herausforderungen erlebt wurden, lange Nachtmärsche bei Wind und Regen, bedrohliche Vorkommnisse an der Grenze oder «preussische Disziplin», mit denen manche Offiziere ihre Untergebenen sinnlos schikanierten. Nicht weniger häufig sind Erinnerungen an die eigene Durchtriebenheit, die es einem möglich gemacht hatte, sich unsinnigen Befehlen zu entziehen, ohne dabei erwischt zu werden. Nicht selten wird auch damit geprahlt, dass man den Militärdienst in ein Schlaraffenland umzufunktionieren wusste; während andere hart arbeiteten, lag man selber stundenlang an der Sonne, das Essen war besser als im Vierstern-Hotel und der kameradschaftliche Umgang mit Mitsoldaten und Offizieren hätte jedem Pfadfinderlager Ehre macht.

Aus der beruflichen Vergangenheit werden spontanerweise häufig die harten Anfänge erinnert. Der Millionär, der als Tellerwäscher arbeitete, in einem ungeheizten Mansardenzimmer wohnte und von seinem äusserst kargen Lohn noch seine alten Eltern oder seine jüngeren Geschwister unterstützte, ist längst zu einer literarischen Figur geworden. Eine ähnliche Qualität strahlen die Erinnerungen an die Lehrjahre aus, in denen man auf unmenschliche Weise von Arbeitgebern ausgenützt wurde. Man musste unten durch und man ist stolz darauf, dass man es durchstand. Andere berichten unzählige

Male über eine unerwartete Beförderung, die einem in jungen Jahren zuteil wurde, weil die eigene Weitsicht die Firma vor dem drohenden Untergang bewahrt hatte, oder aber es wird mit Groll und Bitterkeit wiederholt, welch himmelschreiendes Unrecht einem widerfahren war, als man trotz offensichtlicher Kompetenz übergangen und nicht in die Geschäftsleitung berufen wurde.

Frauen erinnern sich häufiger spontan an Erlebnisse mit ihren Kindern oder Partnern. Nicht selten ärgern sich erwachsene Söhne und Töchter nicht wenig, wenn sie sich zusammen mit den anderen Gästen zum 77sten Mal anhören müssen, wie ihre Mutter als Vierjährige Tante Emmi in einer grossen Runde auf ihre gefärbten Haare angesprochen und in eine unsägliche Verlegenheit gebracht hatte, oder wie sie als Achtjährige beim Zeuseln beinahe einen Grossbrand verursacht und wie sie als Pubertierende mit ihren unmöglichen Kleidern die ganze Nachbarschaft in helle Aufregung gebracht hatte. Auch die ersten romantischen Rendez-vous werden meist detailreich und farbig von Frauen erinnert: dass es eine Vollmondnacht war, wo und was sie vorher gegessen hatten, wie ihr Freund angezogen war und was für ein unmöglich süsses Parfum er verwendet hatte. Bei vielen Frauen sind es auch häufig Erinnerungen an Krankheiten, die spontan auftauchen, wann und wo immer man sich zu zwanglosen Gesprächen zusammenfindet; dabei kann es sich um eigene Krankheiten handeln oder um jene von Familienangehörigen, Nachbarn und Bekannten. Mit diesen Erinnerungen werden oft auch Ratschläge verbunden, was für Medikamente oder Heilkräuter fast einen sicheren Erfolg versprechen, weil diese vor Jahren ja einer entferntenVerwandten oder einem ehemaligen Nachbarn auf fast wunderbare Weise geholfen hatten.

Es ist verständlich, dass man Erinnerungen gering schätzt und ältere Menschen gern auf die Gegenwart festlegt, wenn man von der Tatsache ausgeht, wie dürftig das Repertoire an Spontanerinnerungen bei den meisten Menschen ist, und wie langweilig sie bei den meisten Gelegenheiten für den Grossteil der Zuhörer wirken.

Einen erstaunlich anderen Eindruck hinterlassen eine Anzahl typischer Situationen, bei denen vorwiegend Erinnerungen ausgetauscht werden. Ich denke an die Zusammenkünfte ehemaliger Schuljahrgänger oder an Veteranentreffen und – seltsamerweise – auch an Beerdigungen, die sich meistens auszeichnen durch eine intensive Begegnungsatmosphäre und eine fröhliche Lebendigkeit. Hier soll im Augenblick der Hinweis genügen, dass es sich bei solchen und ähnlichen Gelegenheiten um einen spezifischen Abruf-Kontext handelt. Der Scheinwerfer wird in eine ganz bestimmte Gegend der Vergangenheit gelenkt. Auftauchende Erinnerungen sind eigentlich keine Spontanerinnerungen mehr; sie gehören in einen definierten Zusammenhang und sie werden vom Bewusstsein systematisch gesucht. Im einen Fall ist es das Umfeld Schule und Lehrer, letzte Jahre der Kindheit und Jugendjahre. Im anderen Fall ist das Leben des verstorbenen Menschen der Wegweiser, der in eine ganz bestimmte Richtung der Vergangenheit lenkt. Im Lauf eines länger dauernden Leidmahls bleiben die Anwesenden immer weniger bei allgemeinen Aussagen über den Verstorbenen. Man erinnert sich zusehends mehr und mehr an konkrete und farbige Episoden und Ereignisse aus dem Leben der Verstorbenen. Dabei weckt die Erinnerung der einen immer neue Erinnerungen bei den anderen. Viele der mitgeteilten Erinnerungen werden für die Zuhörer zu eigentlichen Aha-Erlebnissen. «Ja, das hatte ich ganz vergessen, aber das war doch damals so wichtig.» «Das stimmt, so war dieser verstorbene Mensch, so typisch für ihn.» Und ein Stück Vergangenheit wird in der Gegenwart als Fülle und Lebendigkeit spürbar.

Spontanerweise erinnern sich alternde Menschen meist nur an relativ isolierte Begebenheiten ihres vergangenen

Lebens. Die Ereignisse stehen nicht mehr in ihrem ursprünglichen Zusammenhang, sie sind nicht mehr eingebettet in ein zeitliches und räumliches Netzwerk. Sie wirken wie verlorene Inseln, die da und dort aus dem Nebel der Vergangenheit herausragen, wie einzelne Mosaiksteine, ohne dass deren Funktion im Ganzen eines Bildes sichtbar wäre.

Stellen Sie sich eine nächtliche Zugfahrt vor; die ganze Gegend liegt in tiefem Dunkel; nur dann und wann heben sich die beleuchteten Fensterreihen eines Hochhauses, eine beleuchtete Burg oder eine beleuchtete Kirche vom schwarzen Hintergrund ab. Das kann sehr beindruckend sein. Im Meer der Nacht die eine und andere Insel des Lichts. Jede ist eine Welt für sich. Die Landschaft als Ganze lässt sich nicht erahnen und auch nicht der Verlauf der Reise durch die unsichtbare Gegend. Wenn Sie zwei Tage später bei Tageslicht zurückfahren, werden Sie unter Umständen Mühe haben, das Hochhaus, die Kirche und die Burg wieder zu entdecken. Jetzt sind sie Teil einer vielfältigen Umgebung. Die Burg steht in einer Hügellandschaft mit Wäldern und verstreuten Bauernhöfen; die Kirche thront mitten in einem Dorf auf einer kleinen Anhöhe, in nächster Nähe stören mächtige Industriegebäude das ursprüngliche Dorfbild; und das Hochhaus erkennen Sie jetzt als den Bettentrakt eines grossen Spitals.

Die spontanen Erinnerungen sind vergleichbar mit den wenigen in dunkler Nacht sichtbaren Gebäuden. Würde ich immer nur nachts durch diese Gegend fahren, könnte ich immer nur von diesem Dutzend beleuchteter Gebäude erzählen, und dies würde für mich selber und das zuhörende Publikum recht bald eintönig und langweilig. Damit mit zunehmendem Alter Erinnerungen erfüllend und sinnbringend erlebt werden können, ist es wichtig, dass das isoliert erinnerte Fragment wieder in einem grösseren Zusammenhang sichtbar wird und dass aus den vereinzelten Erinnerungsinseln zusammenhängende Erinnerungslandschaften werden.

Ich will dies an einer eigenen Erfahrung verdeutlichen: Ich denke an meine Mutter, die vor rund zehn Jahren mit über 90 Jahren gestorben ist. Sie war als Zweitälteste einer kinderreichen, armen Bergbauernfamilie aufgewachsen. Als sie zwischen 80 und 90 Jahren alt war, erzählte sie immer wieder von mehreren solcher immer wiederkehrender Spontan-Erinnerungen. Eines dieser Erinnerungs-Mosaik-Steinchen war folgendes: Als grösser gewordenes Mädchen, so mit 12, 13 Jahren musste sie im Frühjahr und Herbst immer wieder auf einem reicheren Nachbarhof arbeiten, von morgens früh bis abends spät schwere Feldarbeit leisten, für Fr. 1.50 pro Tag. Dabei musste sie noch selber ihr Znüni-Brot und Mittagessen mitnehmen.

Meine Mutter erzählte dies immer wieder, wenn jemand in ihrer Umgebung davon sprach, wie viel oder wie wenig er verdiente; wenn sich jemand beklagte, dass das Geld nirgends hinreiche, und bei Gelegenheiten ähnlicher Art.

Nun kann man sich als Zuhörer zu langweilen beginnen, wenn man die Geschichte schon 20-mal gehört hat. Oder man kann dieses kleine beleuchtete Haus zum Anlass nehmen, den Scheinwerfer in die Umgebung zu richten. Anstatt innerlich nicht mehr hinzuhören, fing ich an, die Fr. 1.50 Tageslohn zum Anlass zu nehmen, weiterzufragen, z. B. was denn damals ein Brot und was ein Paar Schuhe kosteten, wie viel Jahreszins sie für ihren Hof entrichten mussten; wie die Einkommensverhältnisse im Tal unten waren; wer denn alles in ihrem Dorf damals nach Amerika auswanderte, weil im Tal ein wirtschaftliches Überleben schwierig war. Ich habe nachgefragt, wie sie denn damals hoch oben auf dem Berg zu ihren Informationen über die Geschehnisse im Tal, im Kanton, in der damaligen Welt kamen, und ich habe erfahren, welche soziale Rolle für diese verstreut lebenden Menschen der Sonntagsgottesdienst spielte; da traf man sich, da wurden die Neuigkeiten der Gegend ausgetauscht, Todesfälle, Geburten, Unglücksfälle, Streitereien, uneheliche Schwan-

73

gerschaften verhandelt. Da erhielten die Bergbewohner auch ihre Informationen über bedrohliche Ereignisse in der grossen, weiten Welt. Für meine Mutter entstanden durch mein Nachfragen Erinnerungslandschaften, sie erinnerte immer neue Details, und sie erzählte immer lieber, denn sie spürte mein echtes Interesse. Und für mich war das Zuhören nicht mühsame Höflichkeit und schlecht kaschierte Langeweile, sondern wirkliche Bereicherung, lebendiger Geschichtsunterricht.

Bekanntermassen tauchen bei alten Menschen vor allem Erinnerungen aus der Jugendzeit und aus dem frühen Erwachsenenalter auf. Später gibt es oft lange völlig im Dunkel des Vergessens liegende Lebensabschnitte. Das vergangene Leben eines alternden Menschen wird umso eher wieder als ein innerer bleibender Reichtum erlebt, wenn über die Lebensabschnitte hinweg so etwas wie ein kontinuierlicher Erinnerungsfluss, eben auch eine in der Zeitachse zusammenhängende Erinnerungslandschaft entsteht. Dabei geht es nicht darum, dass diese dauernd dem Bewusstsein gegenwärtig sein müsste, aber durch lebendig erlebte Erinnerung bleibt sie als eine seelische Wirklichkeit, als ein tragender Boden gegenwärtig.

So fragte ich meine Mutter auch danach, wie das mit den materiellen Bedingungen später war, zum Zeitpunkt ihrer Heirat, mit einer eigenen stetig wachsenden Familie, in der weltweiten Wirtschaftskrise der späten 20er-Jahre. Allmählich entstand ein kontinuierlicher Faden, dem wir gemeinsam folgten, durch die Jahre und Jahrzehnte ihres Lebens. Und das war nur ein Faden von vielen, die sich durch ihr Leben zogen.

Grundformen der Erinnerung

Die schöpferische Erinnerung

Die Lust am Erzählen ist eine Lust, mit der eigenen schöpferischen Phantasie in Berührung zu sein. Die Erinnerung, die Rückschau auf unser Leben, ist nie einfach objektive Abbildung und Reproduktion dessen, was in unserem Leben war. Der Erinnerungsvorgang als solcher ist in seinen beiden Wesenselementen ein schöpferischer Prozess: Die Engrammierung ist kein mechanischer Abbildungsprozess; was und wie ein Ereignis von der Psyche festgehalten wird, unterliegt einem differenzierten Auswahlverfahren, das seinerseits von der seelischen Gesamtverfassung abhängt. Nicht weniger kommt beim Abruf von Erinnerungen dem aktuellen Kontext, der Grundstimmung des sich erinnernden Menschen und dem ganzen augenblicklichen Umfeld eine entscheidende Rolle zu, was als Erinnerung im Bewusstsein auftaucht und mit welcher emotionaler Farbe das Erinnerte sich präsentiert. Die Beobachtung dieser Erinnerungsprozesse macht es möglich, noch einige spezifischere Aussagen über die schöpferische Qualität vieler Erinnerungen zu machen.

Verdichtung

Viele Erinnerungen tragen die Merkmale einer Verdichtung der realen Ereignisse. Details, die als unwichtig erlebt wurden, bleiben ausgeblendet; dadurch erscheinen die erinnerten Aspekte viel bedeutsamer und eindrucksvoller. Auch zeitliche Zwischenräume fallen oft weg; Vorkommnisse, die sich über Wochen, Monate oder gar Jahre verteilten, werden in der Erinnerung wie in einem Zeitraffer zusammengefasst und erhalten gerade dadurch eine hohe Intensität und Bedeutsamkeit. Ein historisch beeindruckendes Beispiel dieser Art von Erinnerung stellen die biblischen Bücher «Samuel» und «Könige» einerseits und die «Chroniken» anderseits dar. Sie berichten im Wesentlichen über die gleichen Epochen und Ereignisse in der Geschichte Israels. Aber die Intention der Verfasser ist entsprechend den äusseren Gegebenheiten eine andere. Für den Autor der «Könige» war es offensichtlich nicht so wichtig, politische Geschichte zu schreiben; er versuchte vielmehr, die politischen Fakten im religiösen Verständnis der Propheten zu deuten. Im Sinne dieser Zielvorstellung traf er die Auswahl des Stoffes. Es diente seiner religiösen Aussageabsicht, Könige wie z. B. Omri, die für ihre Zeitgenossen ungewöhnliche Bedeutung hatten, nur knapp zu erwähnen und dafür andere Ereignissen, wie die Krisenzeit Ahabs ausführlich darzustellen. Den Verfasser der Chroniken leitete offenbar ein seelsorglich-ermahnendes Anliegen, was ihn dazu führte, den Stoff so auszuwählen und darzustellen, dass die berichteten Ereignisse als Lohn für Treue oder Strafe für Untreue in Erscheinung treten. Aber für alle Verfasser handelt es sich um Erinnerungen an die Vergangenheit Israels mit dem ausdrücklichen Anspruch geschichtlicher Zuverlässigkeit. Besonders bemerkenswert ist an diesen niedergeschriebenen Erinnerungen, wie das Mass an Zeit und Raum, das einem erinnerten Geschehen zugestanden wird, und die verdichtende Zusammenfassung längerer Folgen von Ereignissen zu einer eindringlichen Botschaft für die Empfänger wird.

Auch die moderne Geschichtsschreibung ist bei aller Bemühung um Objektivität in einem hohen Mass Auswahl und Interpretation, Verkürzung und Verdichtung. Selbst der neutrale Wissenschaftler kann nicht verhindern, dass die von ihm dargestellten Erinnerungen an vergangene Zeiten Ausdruck des eigenen schöpferischen Geistes werden. Das stellt wieder die Glaubwürdigkeit der Menschen in Frage, die stellvertretend für andere Erinnerungen systematisch und möglichst umfassend aufzufinden und zu verbalisieren versuchen. Und die Feststellung, dass auch die vermeintlich objektive Erinnerung eine schöpferische Gestaltung der wirklichen Ereignisse darstellt, mindert nicht den Wert dieser Mitteilungen, weil gerade der subjektiv-schöpferische Anteil der Erinnerung in den Zuhörern den schöpferischen Geist anstösst und eine einmalige, autonome Reaktion anregt. Es ist gerade auch die schöpferische Qualität der Erinnerung, welche das spezifisch Menschliche im Menschen belebt und herausfordert, nämlich seine Möglichkeit, Wirklichkeit zu deuten und in ein grösseres Ganzes einzufügen.

Dramatisierung

Ein anderer Aspekt der schöpferischen Erinnerung ist die Dramatisierung des erinnerten Inhalts. Immer wieder werden Romane, nicht selten dicke Bücher, als Filme inszeniert oder als Schauspiel auf die Bühne gebracht. Ein umfangreicher Stoff muss dafür nicht nur verdichtet werden, weil diese Ausführlichkeit auf der Leinwand oder Bühne gar nicht möglich wäre, und niemand sieben oder zehn Stunden im Theater oder Kino sitzen möchte. Um die Botschaft des epischen Werkes an die Menschen im Saal heranzubringen, um eine emotionale Spannung zu erzeugen, müssen Geschehnisse dramatisch aufgeladen werden; sie werden gesteigert oder sogar übersteigert. Es bedarf der gekonnten und gezielten Übertreibung, damit der erwünschte Unterhaltungs- oder Belehrungswert erreicht wird. Genau dasselbe passiert spontanerweise auch mit dem Erinnerungsmaterial der Seele. Aus dem episch breiten Fundus führt eine besondere Abrufsituation nicht nur zu einer entsprechenden Selektion, sondern zu einer dramatischen Aufbereitung des ausgewählten Stoffes. Das als Erinnerung Mitgeteilte möchte ja zur Kenntnis genommen werden; es soll Neugier und Spannung erzeugen, Interesse wecken, Gefühle in Bewegung setzen. Diesem Ziel dient die Dramatisierung. Begabte Erzähler können einen Zuhörerkreis oft stundenlang in Spannung halten, nicht wegen der objektiven Bedeutsamkeit der erinnerten und mitgeteilten Ereignisse, sondern dank der spontanen Dramatisierung auch der trivialsten Vorkommnisse.

Vergrösserung

Zur schöpferischen Qualität von Erinnerungen gehört oft auch die quantitative Vergrösserung von Fakten und Ereignissen. Die vertraute Umgebung der Erzähler und Erzählerinnen bewertet diesen Aspekt häufig sehr ungnädig als angeberische Übertreibung. Fischer-Latein! Der Gletscherspalt, in den ein Bergkamerad stürzte, war nicht 5, sondern wenigstens 50 Meter tief; der Nebel war so dick, dass man die eigene Hand vor dem Gesicht nicht mehr sehen konnte; das Publikum applaudierte nicht drei Minuten, sondern wenigstens eine halbe Stunde.

Es gibt zwei Gründe für diese Art von Übertreibungen. Mit der Zunahme der zeitlichen Entfernung von Ereignissen wird deren emotionale Bedeutung proportional kleiner. Es berührt und bewegt nicht mehr gewaltig, daran erinnert zu werden, dass der Sommer 1947 extrem heiss und trocken war. Für den Bauernsohn, der sich daran erinnert, war die Erfahrung damals von einer unvergleichlichen Dramatik; die Dürre bedeutete eine Katastrophe; es gab vielerorts nicht einmal mehr genügend Gras für das Vieh, viele Quellen für das Trinkwasser waren versiegt und selbst viele Bäume verdorrten. Für den betroffenen Menschen hinterliess dieses Naturgeschehen einen solch einmaligen Eindruck, dass er ihn auch nach 50 Jahren so erzählen möchte, dass die Zuhörer etwas davon miterleben können. Spontan werden in der Erinnerung alle Einzelaspekte der erfahrenen Not bis an die Grenze der Unglaubwürdigkeit vergrössert, im konkreten Fall verschlimmert: «Es gab weit und breit auch nicht eine Handbreit grünes Gras, jeder Schluck Wasser für Mensch und Tier musste stundenlang herbeigeschafft werden, in ganzen Gegenden gab es auch nicht einen Baum, der überlebt hatte.» Die Übertreibung in den Erinnerungen ist sehr oft keine billige Angeberei, sie dient im Gegenteil der möglichst getreuen Weitergabe einer emotionalen Wahrheit: «Wir haben die damalige Situation als furchtbar erlebt.» Vor allem im Gespräch mit alten Menschen sollten wir höchste Zurückhaltung üben, diese auf solche Übertreibungen aufmerksam zu machen und sie dadurch auch vor anderen blosszustellen. Das Erinnerte ist wahr, nur bezieht sich der Wahrheitsgehalt auf die Bedeutung der erinnerten Ereignisse und nicht auf die nackten Fakten und statistischen Angaben. Eine Rückmeldung, welche auf die Wahrheit des Erlebens Bezug nimmt, wird dagegen nicht als Entwertung oder Korrektur erlebt; der Erzähler fühlt sich im Gegenteil dadurch verstanden und respektiert. Ein hilfreiches und sinnvolles Feedback auf übertriebene Darstellungen könnte etwa sein: «Wie du uns über die damalige Situation berichtest, lässt mich heute noch spüren, wie bedrohlich und schrecklich ihr sie damals erlebt habt.» Oder: «Es sind wirklich unglaubliche Dinge, die du erinnerst; sie vermitteln mir schon eine Ahnung, unter was für schrecklichen Ängsten ihr damals gelitten habt.» Wenn wir die emotionale Wahrheit erinnerter Ereignisse wertschätzen, geschieht es auch nicht selten, dass der Erzähler wie selbstverständlich anfügt: «Wie es im Einzelnen genau war, weiss ich ja auch nicht mehr so genau, aber es war unvorstellbar schön (oder grauenhaft).»

Die «Verpersönlichung» erinnerter Ereignisse

Während meines Theologiestudiums hatte ich einen Professor, der bei den Studierenden wegen der Lebendigkeit und Farbigkeit seiner Vorlesungen sehr beliebt war. Fast in jeder Stunde erinnerte er sich an irgendwelche Vorkommnisse, mit denen er den Inhalt seines Unterrichts illustrierte und würzte. Seine Erinnerungen gehörten so offensichtlich zur Kategorie schöpferischer Erinnerungen, dass ein paar superkluge Studenten meinten, ihn mit der Wahrheitsfrage konfrontieren zu müssen. Sie überreichten ihm in dieser Intention an einer Karnevalsveranstaltung eine Festschrift mit dem Titel «Dichtung und Wahrheit». Als Reaktion darauf verzichtete der Professor während wenigstens eines Jahres auf die Einflechtung seiner ebenso amüsanten wie lehrreichen Erinnerungen.

Eine seiner unzähligen Geschichten soll hier einen wichtigen Vorgang sichtbar machen, der Erinnerungen schöpferisch umgestaltet und gerade dadurch die längst vergangenen Ereignisse vom Staub der Vergangenheit befreit und sie zu lebendigen und belebenden Inhalten in der Gegenwart macht.

Ende der 30er-Jahre war ein ausländischer Touristenbus auf der Südrampe des Gotthardpasses in einer Kurve über die Strasse hinausgefahren und sich mehrmals überschlagend mehrere hundert Meter die Bergflanke hinuntergestürzt. Es gab zahlreiche Verletzte und Tote, und das tragische Unglück war über längere Zeit das überragende Ereignis, über das Radio und Zeitungen berichteten und über das am Familien- und am Stammtisch endlos gesprochen wurde.

Der erwähnte Professor war im fraglichen Zeitpunkt eben gerade Priester geworden und in verschiedenen Pfarreien Sonntag für Sonntag als Prediger und Beichtvater tätig. Und schon damals fuhr er einen Motorroller, was zeit seines Lebens als Markenzeichen zu ihm gehören sollte. Selbstverständlich machte auch auf ihn das Unglück am Gotthard grossen Eindruck, und es konnte nicht ausbleiben, dass dieses Ereignis in seinen Vorlesungen einen würdigen Platz bekam. Studenten zeichneten in ihren Manuskripten, die sie immer wieder an jüngere Kommilitonen weitergaben, im Zweijahresturnus die jeweilige Version seiner Erinnerung an diesen Vorfall auf. In einer ersten Fassung blieb die Mitteilung im Wesentlichen bei der Information über das damalige Busunglück und die tiefe Betroffenheit der ganzen Schweizer Bevölkerung. Eine spätere Version war dahin ergänzt, dass der Professor nur wenige Tage nach dem Unglück Bekannte getroffen habe, die noch am gleichen Tag ebenfalls über den Gotthard die Tremola hinuntergefahren seien und das Wrack des völlig zertrümmerten Reisecars und Sanitäter und Polizei bei der Bergung der Toten und Verletzten gesehen hätten.

Jahre später war es bereits ein ganz naher Freund des Professors, der hinter dem Unglücks-Car hergefahren sei und diesen habe abstürzen sehen. Ich selber hörte, dass der Professor selber auf seinem Motorroller nicht nur Zeuge der Ereignisse geworden sei, sondern auch als Erster Hilfe zu organisieren versuchte. Als Studenten überlegten wir mit boshaftem Erfindergeist, was wohl künftige Generationen noch alles vorgesetzt bekommen würden.

In den sich systematisch verändernden Erinnerungen des Professors wird ein Mechanismus der Seele sichtbar, der häufig beobachtet werden kann, wenn Ereignisse, die weit zurückliegen, aber ursprünglich von einer hohen emotionalen Intensität waren, erinnert und wieder erzählt werden. Sie werden stufenweise an die Person des Erzählers «herangezoomt». Was ursprünglich ein Vorkommnis war, zu dem der Erzähler in keiner direkten Beziehung stand, wird proportional zur zeitlichen Distanz immer direkter mit dem sich erinnernden Menschen verbunden. In der mitgeteilten Geschichte sind es zuerst Bekannte, dann Freunde, dann er selber, die direkt ins Geschehen einbezogen werden. Dieser «Verpersönlichungsvorgang» dient ganz offensichtlich dem Ziel, dem Ereignis seine emotionale Dichte und Bedeutung zu erhalten. Die eigentliche Aussage bleibt immer dieselbe; der Professor erinnert sich, wie erschüttert damals die ganze Schweiz und wie tief betroffen auch er selber war. Es ist im Wesentlichen eine Emotion, die er erinnert, und an dieser erinnerten Emotion möchte er den Zuhörern und Zuhörerinnen

Anteil geben. Gerade die schöpferische Verfälschung der reinen Fakten trägt dazu bei, die Wahrheit des Erlebens besser zu vermitteln.

Aufgrund meiner Beobachtungen nehme ich an, dass dieses «Heranzoomen» eines Ereignisses dem Erzähler häufig bewusst oder wenigstens halb bewusst ist und ein gewisses Unbehagen hinterlässt, aber nicht eigentlich als Lüge gewertet wird. Denn das, worauf es eigentlich ankommt, nämlich die Weitergabe der erinnerten Betroffenheit, wird ja gerade dadurch eher erreicht. Als Menschen, die sich der strikten historischen Wahrheit verpflichtet fühlen, würden wir es vorziehen, wenn der Professor etwa so formuliert hätte: «Wie damals alle in der Schweiz fühlte ich mich durch dieses Unglück so erschüttert, als ob ich selber mit dabei gewesen oder einen engen Freund verloren hätte.»

Oft geschieht diese «Verpersönlichung» emotional aufgeladener Ereignisse auch völlig unbewusst. Der sich erinnernde Mensch glaubt in vielen Fällen ohne jeden Zweifel, dass er selber direkt Zeuge des Geschehens oder ins Geschehen miteinbezogen war. Dies kann dramatische Folgen haben, wenn durch solche Erinnerungen Mitmenschen als Täter irgendwelcher schrecklichen Taten verdächtigt oder beschuldigt werden.

Der alte Mensch erinnert sich oft in dieser Ich-Form an Ereignisse, die weit zurückliegen und für ihn eine hohe emotionale Bedeutung hatten. Meines Erachtens ist es überflüssig und lieblos, solche Erinnerungen historisch richtigstellen zu versuchen, solange sie keine Mitmenschen belasten. Der gute Zuhörer wird diese «Verpersönlichung» dadurch wertschätzen, dass er dem Erzähler zu verstehen gibt, dass er nachfühle, wie solche Ereignisse einen ganz persönlich angehen und betreffen.

Die sich erinnernde Psyche ist in vielfacher Weise schöpferisch aktiv, sie komprimiert, dramatisiert, sie «verpersönlicht», sie gestaltet Ereignisse um, setzt sie in einen anderen als den ursprünglichen Zusammenhang, «übertreibt» und vieles mehr. Damit nicht genug. Nicht selten erfindet die Phantasie auch ganze Geschichten, die im Nachhinein als wirkliche Ereignisse erinnert werden. In diese Kategorie gehören viele Anekdoten, die sich um einzelne meist originelle Persönlichkeiten ranken. Vom verstorbenen Konzilspapst Johannes XXIII. gibt es unter zahllosen anderen die Story, in der berichtet wird, er sei als apostolischer Nuntius in Paris, also als Botschafter des Vatikans in Frankreich, zu einem Essen mit hochrangigen Diplomaten eingeladen gewesen. Sein Platz sei neben der Frau eines Botschafters gewesen; im weiten Busenausschnitt ihres Kleides habe als Schmuck ein kleines goldenes Flugzeug gehangen. Der spätere Papst, damals noch Kardinal Roncalli, soll seinen Blick immer wieder auffällig auf die fragliche Körpergegend der Dame gerichtet haben. Diese sei dadurch allmählich nervös geworden und sie habe ihren Tischnachbarn gefragt: «Exzellenz, Ihnen scheint mein Schmuck sehr zu gefallen. Was interessiert Sie denn daran so sehr?» Worauf Roncalli geantwortet haben soll: «Madame, es ist nicht eigentlich das Flugzeug, das mich interessiert. Aber ich frage mich schon die ganze Zeit, warum ein so kleines Flugzeug einen so grossen Flugplatz braucht.»

Die Italiener reagieren auf diese Art Geschichten liebevoll mit: «Si non è vero, è ben trovato.» Wenn die Geschichte nicht wahr ist, so ist sie gut erfunden. Von guten Anekdoten ist es gerade deshalb so schwer zu sagen, ob sie wahr sind, weil sie auf jeden Fall wahr sind, nämlich als Aussage über das Wesen und die Eigenart des betroffenen Menschen. Die obige Anekdote, auch wenn sie historisch frei erfunden sein sollte, würde deswegen nicht weniger treffsicher den späteren Papst charakterisieren, den ganz menschlichen «Kirchenfürsten», der auch zu seinen menschlichen Gefühlen stehen konnte, der Mann, der auch als Priester nicht verleugnete, dass ihn die schöne Frau an seiner Seite wohl mehr interessierte als irgendwelche halbehrlichen Diplomatengespräche; und die Anekdote zeigt seinen Witz, seinen spitzbübischen Humor. Insofern ist sie eben wahr.

Nun gibt es offensichtlich Menschen, die über ein beneidenswertes Mass an schöpferischer Phantasie verfügen, solche Anekdoten zu erfinden. Zweifelsohne verfügen sie auch über eine überdurchschnittlich gute Intuition, mit der sie das tiefere Wesen von Mitmenschen oder die wirkliche Substanz von Situationen erfassen. Die gleichen Menschen haben aber oft Mühe mit einer nüchtern-kritischen Unterscheidung der verschiedenen Wahrheitsebenen. Und weil ihre gut erfundene Anekdote auf offene Ohren stösst und sich nicht selten rasch wie ein Buschfeuer flächendeckend ausbreitet, wissen sie nach kurzer Zeit selber nicht mehr, ob die Anekdote auch einen historischen Kern hat oder frei erfunden ist; wahrscheinlich wollen sie es auch gar nicht genau wissen, die Anekdote kommt an, und auf ihre Weise ist sie ja ohnehin wahr.

Vielen von uns geht es so, dass uns schlagfertige Rückfragen oder Antworten erst mit ein paar Stunden oder Tagen Verspätung einfallen. Wenn wir sie im Augenblick einer kritischen Situation zur Verfügung gehabt hätten, wären die Lacher alle auf unserer Seite gewesen und wir wären einer positiven Schlagzeile würdig gewesen. Gelegenheiten für originelle Reaktionen gibt es unzählige, in Examina, bei politischen Debatten, in Konflikten mit jedweder Art Autoritäten, bei Missgeschicken bei einem persönlichen Rendez-vous, bei Fehlleistungen anlässlich eines feierlichen Nachtessens mit Freunden oder prominenten Gästen … Doch oft kommt der gute, treffsichere Einfall leider erst dann, wenn der Zug schon abgefahren ist: Es ist so schade um ihn, er wäre so grossartig gewesen.

Sollen wir ihn jetzt einfach wegstecken, möglichst rasch vergessen oder ihn nicht doch noch ein paar Bekannten oder Freunden weitererzählen, mit dem leidigen Vermerk: Er ist mir leider zu spät in den Sinn gekommen. Oder man lässt den Vermerk ganz einfach weg und weiss schon bald selber nicht mehr, ob man es nun tatsächlich auch gesagt hatte oder nur hatte sagen wollen. Viele Anekdoten und witzige Einfälle, die Menschen von sich selbst erzählen, gehen auf das Konto schöpferischer Erinnerungen. Was als Vorstellung in unserer Seele ist, wie es hätte sein kön-nen, stellt auch eine Wirklichkeit dar, und unser Bewusst-sein hat oft Mühe zu unterscheiden, ob es sich um eine äussere oder nur um eine innere Wirklichkeit handelt. Wir alle haben zum Beispiel die Erfahrung mit Träumen, nach denen wir oft einige Zeit und eine bewusste Konzentra-tion brauchen, um schliesslich zu wissen, ob die erinner-ten Ereignisse nur Traum oder aber äussere Geschehnisse waren.

Ohne Zweifel dient die schöpferische Verarbeitung von Ereignissen in der Erinnerung recht oft den narzisstischen Bedürfnissen der Erzähler und Erzählerinnen. Je dramati-scher und gewaltiger das Ereignis in der Erinnerung dar-gestellt wird, umso interessanter und wichtiger wird dadurch auch die Person, welche die Erinnerung kom-muniziert. Längst Vergangenes sichert jetzt die Aufmerk-samkeit und Beachtung und erhöht damit das Erleben von Bedeutsamkeit in der Gegenwart. In den meisten Gesellschaften und bei den meisten Gelegenheiten, bei denen sich Menschen zur Feier eines Festes oder im Gedenken an ein fröhliches oder trauriges Ereignis tref-fen, werden gute Erzähler hoch geschätzt. Was sie zu guten Erzählern macht, ist im Wesentlichen nichts ande-res als die Begabung, ihre Erinnerungen in mannigfacher Weise und ohne ängstliche Zurückhaltung im Schmelztie-gel ihrer schöpferischen Seele aufzuarbeiten.

Die nostalgische Erinnerung

Zu den oft belächelten Erinnerungen alter Menschen gehören jene, die sich als Heimweh nach der «guten alten Zeit» manifestieren. Der Hinweis auf die Erfahrung mit diesen Erinnerungen scheint auch jene Orientierung in der Altenarbeit zu rechtfertigen, die die Meinung vertritt, dass alten Menschen vor allem geholfen werden soll, in der Gegenwart zu leben. Die Zukunft kann ausser Acht gelassen werden, weil sie keine erstrebenswerten Perspektiven mehr eröffnet, und der Blick zurück in die Vergangenheit bringt nicht mehr als das sinnlose Nachtrauern an eine Zeit, die weder verändert noch als sinnvolle Erfahrung herangeholt werden kann; ja noch mehr, es ist meist die Trauer um eine verlorene Welt, die ohnehin gar nie so war, wie sie im Alter erinnert wird.

Die Trauer über die verlorene Vergangenheit, über die vermeintlich bessere Vergangenheit, ist keineswegs nur bei alten Menschen anzutreffen. In allen möglichen Situationen begegnen uns Menschen jeden Alters, die mit Wehmut daran zurückdenken, wie es früher war. Wenn Sie nach Ihren Ferien Freunden vom Bergdorf erzählen, in dem Sie zwei Wochen verbracht und dessen alte Häuser und Brunnen sie bewundert haben, dann müssen Sie damit rechnen, dass sie gesagt bekommen, wie viel schöner dieses Dorf noch vor 10 oder 20 Jahren war, als noch nicht so viele Touristen da waren. Als ich vor 20 Jahren Gelegenheit hatte, mit Kollegen in den Tierreservaten Kenias auf Safari zu fahren, da hat einer von ihnen, ein Mann um die 40, unermüdlich wiederholt, wie dies alles sieben Jahre zuvor noch unvergleichlich viel eindrucksvoller und besser war. In jeder Stadt werden Ihnen alte, aber genauso auch junge Einwohner sagen, dass Zürich oder Bern oder Mannheim oder Paris leider nicht mehr Zürich oder Paris oder Bern sind; Sie hätten es vor 20 oder 30 Jahren sehen sollen. Aber selbst Gymnasiasten habe ich vor ihren drei Jahre jüngeren Mitschülern so reden gehört:

Diese hätten ja keine Ahnung mehr, wie es früher war. Und dieses «früher» gilt auch für sie als das Mass aller Dinge, und ist das für immer verlorene Bessere, auch wenn sie sich gleichzeitig nur kritisierend und schimpfend über die verflossenen Jahre äussern.

Nostalgie hat mit Heimweh zu tun, es ist der Schmerz der Seele, der sich zurücksehnt nach dem Ursprung, nach jenem Ort, nach jenen Lebensformen und Gegebenheiten, die einem Orientierung gaben, die eine Struktur darstellten, die Verlässlichkeit und Sicherheit bedeuteten. Im Wort Nostalgie stecken die griechischen Wörter «nostos» und «algeia», Rückkehr und Schmerz. Einer der ganz grossen Mythen der griechischen Antike, die Odyssee, besingt die schmerzvolle Sehnsucht des Helden Odysseus nach der Rückkehr in sein geliebtes Heimatland und nach dem Wiedersehen mit seiner Gattin Penelope. Die Irrfahrten dauern viele lange Jahre, und erst nach langem wird er von den Qualen seines Herzens erlöst.

In der Nostalgie alter Menschen wird die Wirksamkeit eines der kraftvollsten Archetypen der menschlichen Seele spürbar: die Sehnsucht nach dem verlorenen Paradies. Es ist ganz offensichtlich, dass es in der Psyche aller Menschen so etwas wie eine Urerfahrung einer heilen Welt gibt, die absolute Geborgenheit, vollständiges Glück, uneingeschränkten Frieden und Zufriedenheit bedeutet. Wir dürfen mit guten Gründen annehmen, dass uns der Mutterschoss, der Ur-Ort unserer Existenz zum Fundament dieser Erfahrung geworden ist. Mit der Geburt mussten wir dieses Paradies verlassen, Trennung, Unsicherheit und Konflikt sind der Preis für eine autonome, individuelle Existenz. Aber eine Ahnung vom ursprünglichen Zustand ist erhalten geblieben, und es gibt unzählige und verschiedenartigste Lebenssituationen, durch welche diese Ahnung gleichsam erwacht und auf ein Stück konkrete Vergangenheit projiziert wird.

Von einer hohen aktuellen Bedeutung sind in diesem Zusammenhang die Schicksale von derzeit Millionen von unfreiwilligen Emigranten in aller Welt, von Flüchtlingen, die fernab ihrer Heimat und ihren Freunden und Angehörigen sehr oft an einem qualvollen Heimweh nach dem verlorenen Paradies leiden. Als die Sowjetunion noch existierte, verliessen Zehntausende ihre Heimatländer, Ungarn, die Tschechoslowakei, Polen, die DDR; sie alle hatten unter dem Regime des Sowjet-Kommunismus gelitten, und die Flucht in eine fremde, unbekannte Welt erschien ihnen als unvergleichlich viel lebenswerter. Ich habe selber eine rechte Zahl dieser Immigranten gekannt, in meiner Funktion als Psychotherapeut oder ganz einfach als Nachbar oder Freund von Freunden. Die grosse Mehrheit von ihnen beschrieb die Heimat, die sie unfreiwillig hatten verlassen müssen, als eine wunderbare Welt, in der die Menschen viel menschlicher waren als hier im Westen; und die Kultur ihrer Herkunftsländer als so reich, die Traditionen so lust- und lebensvoll, die Landschaften so einmalig und grossartig. Diese Idealisierung war auch bei jenen anzutreffen, die ihr Gastland, die Schweiz oder Deutschland oder die USA, durchaus liebten und schätzten. Das Böse und Dunkle, das Unmenschliche und Zerstörerische, all dies gab es natürlich auch in ihren Heimatländern, aber da verkörperte das verhasste System dieses Böse und Dunkle. Auf diese Weise liess sich Licht und Schatten völlig trennen, die Menschen und das Land waren eigentlich nur gut, das Negative wurde vollumfänglich einer von aussen aufgezwungenen politischen Struktur angelastet. Es ist heute nicht anders mit den Asylanten aus Sri Lanka, den Kurden aus der Türkei, den Kosovaren und Albanern.

Parallel zu diesem Mythos vom verlorenen Paradies gibt es auch jene Endzeitvisionen, die den Menschen eine künftige Welt versprechen, in der es nur Frieden und vollkommenes Glück gibt. Israel hofft seit Jahrtausenden auf einen Messias, der eine Zeit herausführen wird, in der der

Säugling mit der giftigen Schlange spielt und der Löwe zusammen mit dem Kälblein weidet. Auch dies scheint ein Archetyp der menschlichen Seele zu sein, die Hoffnung auf das «Gelobte Land», eine in der Tiefe des menschlichen Wesens verankerte Zuversicht, dass die Zukunft besser wird als die Gegenwart. Schulkinder träumen vom besseren Leben, wenn sie endlich die Schule hinter sich haben und als Erwachsene ihr eigenes Leben leben können; Lehrlinge warten auf den Tag, wo sie als vollwertige Mitarbeiter in der Arbeitswelt werden mitbestimmen können; Singles erhoffen sich von einer künftigen Partnerschaft ein lebenswerteres Leben; unglücklich Verheiratete sehnen die Zukunft herbei, die ihnen endlich das Glück der Freiheit wieder zurückgibt; Berufstätige freuen sich auf die Pensionierung, welche ihnen alle Zeit uneingeschränkt zu ihrer eigenen Verfügung gibt usw. Und Millionen von Menschen in unzähligen Ländern dieser Erde, in denen sie in Unterdrückung oder äusserster Armut leben, projizieren entgegen allen anders lautenden Informationen, die ihnen auch zur Verfügung stehen, alles Glück auf die von ihnen anvisierten Fluchtländer im Westen, Reichtum, Freiheit, Sicherheit, mitmenschliche Hilfsbereitschaft. Es ist kein Ausdruck von Naivität, wenn Menschen eine Paradiesvision in die Vergangenheit oder in die Zukunft projizieren. In allen grossen Religionen und kulturellen Traditionen finden wir Mythen dieser Art, welche für die Menschen über Jahrtausende auch einen wichtigen Beitrag für ihre Daseinsorientierung bedeuteten. Diese grossen religiösen Vergangenheits- und Zukunftsmythen haben in den letzten Jahrzehnten allerdings für einen grossen Prozentsatz von Menschen ihre innere Bedeutsamkeit verloren. Im Alltag aber ist der Archetyp des verlorenen Paradieses noch genauso wirksam und lebendig.

Es ist richtig, dass die nostalgische Erinnerung oft zu einem seelischen Leerlauf verkommt.

Es bedeutet keinen Zuwachs an Lebensqualität und Lebenssinn, wenn alternde Menschen mit den immer gleichen pauschalen Aussagen frühere Zeiten als die besseren hinzustellen und die Gegenwart als die in jeder Hinsicht zunehmend schlechtere Welt anzuklagen versuchen. Die Erinnerung einer alternden Film-Diva oder eines ehemaligen Spitzensportlers an die Triumphe und Höhepunkte ihrer längst vergangenen Karriere füllen die Gegenwart längst nicht immer mit dem Geruch intensiven Lebens, sondern oft genug nur mit dem schalen Gefühl einer seichten Trauer und dem bitter-süssen Stolz eines sich mühsamen Anklammerns an entschwundene Grösse. Grundsätzlich aber ist auch die nostalgische Erinnerung, die idealisierende und wehmütige Rückschau auf die persönliche oder kollektive Vergangenheit, eine Chance, die eigene oder kollektive Vergangenheit auf eine Weise neu zu entdecken und zu erfahren, dass sie als Lebensqualität und Lebenssinn in der Gegenwart erlebt wird. Der Archetypus des verlorenen Paradieses ist – wie alle Archetypen – ein Schlüssel zu den Schatzkammern der Seele und der menschlichen Existenz. Der Mensch, der zu einem Gefangenen seiner nostalgischen Erinnerungen geworden ist, braucht aber Mitmenschen, Freunde oder Bekannte oder in manchen Fällen auch psychologisch geschulte Fachleute, die ihm helfen, diese Erinnerungen zu einem Schlüssel zu bisher unentdeckten Räumen des Lebens zu machen.

Die tragische Erinnerung

Ich erinnere mich an einen Bekannten, der schon gegen 80 Jahre alt war. Wann immer ich ihn traf, und dies war gar nicht so selten, kam er schon im Lauf der ersten Viertelstunde darauf zu sprechen, wie er als junger Mann von seinem mit ihm verwandten Arbeitgeber jahrelang finanziell schamlos ausgenützt wurde. Er fand bei diesem nach seiner Rekrutenschule eine Anstellung, was in jenen Jahren und im Tal, in dem er wohnte, nicht selbstverständlich war. So fühlte er sich einerseits dankbar. Und andererseits meinte er später, sich nicht für einen höheren Lohn stark machen zu dürfen, da der Arbeitgeber ja mit ihm verwandt war; kein Konflikt, sondern eine möglichst harmonische Beziehung schien ihm das Allerwichtigste. Erst nach vielen Jahren, in denen er unermüdlich geschuftet und sich mit einer beispiellosen Loyalität für den Betrieb eingesetzt hatte, schaffte er die Ablösung. Und es blieb eine unsagbare Bitterkeit in ihm zurück, dass er über so lange Zeit nur mit einem Bruchteil des üblichen Lohnes abgespiesen worden war: Die Folge davon war, dass es ihm aus ökonomischen Gründen nur mit allergrösster Mühe und relativ spät gelang, eine eigene Familie aufzubauen und dieser das zu bieten, was ihm als das äusserste Minimum erschien. Er fühlte sich in seiner Gutmütigkeit ausgenützt und tief gekränkt. Wann und wo immer noch nach Jahrzehnten die Rede auf seine persönlichen 20er-Jahre kam, da kam die Erinnerung an jenen Verwandten in ihm hoch, und ein Gemisch aus Wut und Trauer überkam ihn. Selbst als dieser Verwandte rund 50 Jahre nach jenen Ereignissen starb, fand er seinen inneren Frieden nicht, und er wollte und konnte nicht an der Beerdigung teilnehmen.

Erlittenes Unrecht

Die oben geschilderte Erfahrung gehört zu jenen Ereignissen, die Menschen unter Umständen als so tiefe Kränkung und Verletzung erleben, dass sie nie wirklich auszuheilen, ja nicht einmal zu vernarben scheinen. Auch weit entfernte Zusammenhänge können in jedem Augenblick als Kontext dienen, jene Erinnerung wieder abzurufen, die als ärgerliche Belastung erlebt wird. Im geschilderten Fall genügt es, dass jemand auf einen Zeitungsartikel hinweist, der über die beruflichen Chancen der jungen Erwachsenen berichtet; oder dass aus irgendwelchen Gründen der Name des Dorfes erwähnt wird, in welchem der erwähnte Mann bei seinem Verwandten gearbeitet hatte; oder dass von einer beruflichen Tätigkeit die Rede ist, die auch nur ansatzweise mit seiner damaligen vergleichbar ist, oder dass in der Gesprächsrunde ein Teilnehmer auf einen seiner eigenen Verwandten zu reden kommt. Alles und jedes ist dazu geeignet, die Schleuse zu öffnen, durch die jene Erinnerung wie eine Schlammflut hereinbricht und den ganzen Seelenraum überschwemmt und von neuem für Stunden oder gar Tage zudeckt. Für die betroffenen Menschen werden solcherart Erinnerungen zu einem sich wiederholenden sinnlosen Leiden, und das ist eine Tragödie.

Es ist in keiner Weise hilfreich, diesen Menschen mit einem moralischen Unterton nahe zu legen, doch endlich zu vergessen oder noch besser zu vergeben; es sei ja schon so lange her. Solche gut gemeinten Ermahnungen geben dem unter seinen Erinnerungen leidenden Menschen zusätzlich das Gefühl, dass er nachtragend und kleinlich ist; er wird sich nicht verstanden und dafür noch ein Stück einsamer fühlen. Dies ist wie Essig auf die unverheilte Wunde, die bei der nächsten Gelegenheit wieder aufbrechen wird.

Es gibt eine ganze Anzahl typischer Lebensereignisse, die sich bei gewissen Menschen in ewig gleicher Wiederholung als tragische Erinnerung aufdrängen. Relativ häufig sind es Erfahrungen, die als Ausnützung oder im schlimmsten Fall als Ausbeutung erlebt wurden. Vor allem trifft dies zu, wenn dies mit Menschen zu tun hat, die einem nahe standen und denen man darum auch naiv vertraute. Nicht selten haben solche nie verheilenden Kränkungen mit Beziehungserfahrungen zu tun, die als Verrat und Treuebruch erlebt wurden. Ein Mensch hat alles in eine Liebesbeziehung investiert und sein ganzes Leben darauf ausgerichtet, und eines Tages erfährt er, dass er schon jahrelang betrogen wird, oder aber er wird wegen einer anderen Beziehung plötzlich verlassen. Es versteht sich, dass der Lebensalltag, Gespräche mit Nachbarn oder Freunden, Fernsehsendungen, Filme und zahllose andere Situationen als Haken geeignet sind, jene Wunde aufzureissen und die nicht verheilte Verletzung als tragische Erinnerung an die Oberfläche zu bringen. Bei Beförderungen am Arbeitsplatz übergangen oder aus einer guten Position entlassen worden zu sein, einer Unterschlagung oder einer anderen kriminellen Handlung verdächtigt, von ehemaligen Freunden verleumdet oder aus einem Verein oder einer Organisation hinausgeekelt worden zu sein, ist nicht selten der Stoff der tragischen Erinnerung im Umfeld wirklich oder vermeintlich erlittenen Unrechts.

Wenn Menschen – und dies ist bei alten Menschen leider oft der Fall – immer wieder solche Erinnerungen an ihre Mitmenschen herantragen, ist es verständlich, dass diese schon bald einmal gar nicht mehr bereit sind, wirklich zuzuhören. Als Zuhörer wird man bald einmal ungeduldig und ärgerlich. Für die Zuhörer ist es meist auch unmöglich sich ein Bild zu machen, was sich vor 30 oder 50 Jahren wirklich ereignet hat. Mit Recht hat man seine Zweifel an der Objektivität der mitgeteilten Erinnerungen. Sollte man es als Zuhörer jedoch wagen, einen Zweifel dieser Art auch mit der grösstmöglichen Behutsamkeit zu äussern, wird dies vehement abgewehrt und leicht als neue Kränkung gewertet. Die Art, wie solche Erinnerungen eingebracht werden, hat meist eine leicht paranoide Färbung. Es scheint dem sich erinnernden Menschen unmöglich zu sein, dieses Stück Vergangenheit mit ein bisschen seelischer Flexibilität in die Hand nehmen zu können, aus verschiedenen Blickwinkeln hinzuschauen, Fragen über das wirkliche Geschehen offen zu lassen oder über neue Fragen eine andere Deutung zu suchen oder sogar mit ein bisschen Humor über die damaligen Missetäter und sich selbst lachen zu können.

Einen Grossteil der Menschen trifft früher oder später im Leben ein Schicksalsschlag, der ihnen das wegnimmt oder zerstört, was für sie zum Wertvollsten und Teuersten ihrer Existenz gehört hatte. Das ist immer schmerzlich, und jede solche Erfahrung braucht eine lange Zeit der Verarbeitung, bis die Seele ihr inneres Gleichgewicht wieder findet. Die adäquate Reaktion der Psyche auf wichtige Verlusterfahrungen ist die Trauer. Sie ist eines der ursprünglichen und grundlegenden Gefühle, mit denen die Seele auf Daseinssituationen antwortet. Die Trauer ist wie die Freude, Hoffnung, Angst, Neugier, Wut eine elementare Lebensäusserung der Seele. Sie ist zwar kein lustvolles Gefühl, aber in ihrer Kraft und ganzheitlichen Dynamik gibt sie dem Menschen genauso wie die anderen Grundgefühle die Erfahrung des lebendigen Gegenwärtigseins. Und nicht weniger als die anderen Gefühle vermittelt sie als Erfahrung intensiv erlebten und gelebten Daseins die fraglose unreflektierte Sicherheit der Sinnhaftigkeit der Existenz. Der in der Trauer zugelassene Schmerz ist in sich selbstverständlicher Daseinssinn. Die Menschen, welche sich der Trauererfahrung nicht entziehen und den Schmerz nicht vorzeitig zuzudecken versuchen, tauchen aus dieser Zeit seelischen Leidens wieder auf mit einer erhöhten Wachheit und Präsenz. Wie viele Meditationswege ist der Schmerz selbst eine Einübung in eine seelische Achtsamkeit und lebendige Gegenwart, die dem Dasein seine innere Intensität und Fülle verleiht.

Es gibt nun aber auch Verlusterfahrungen, die sich im Leben mancher Menschen mit einer schreckenerregenden Regelmässigkeit wiederholen und wie schwarze Perlen aneinanderreihen. Die durch den Verlust verwundete Seele hat nie Zeit genug sich zu erholen und zu heilen. Einmal geschlagene Wunden vertiefen sich; sich wiederholende Verlusterfahrungen verdichten sich zu einer negativen Zukunftserwartung; man getraut sich gar nicht wirklich sich zu freuen, weil hinter der nächsten Ecke das Schicksal lauert, welches das gegenwärtige Glück gnadenlos zerschlagen wird.

Das bekannte biblische Buch «Hiob» erzählt die Geschichte eines Menschen, bei dem sich ein Verlust an den andern reiht, und jeder neue Schlag ist grausamer als der vorhergehende. Zuerst wird Hiob berichtet, dass seine Kleintierherden geraubt und die Hirten umgebracht worden seien; dann muss er anhören, dass auch seine Vieh- und Kamelherden fortgetrieben und seine Knechte und Mägde ermordet wurden. Schliesslich wird er damit konfrontiert, dass man seine Familie, seine Söhne und Töchter, allesamt umbrachte, seine Häuser abgebrannt und seine Äcker verwüstet hat. Zu guter Letzt wird ihm auch seine Gesundheit genommen. In dieser Situation hört er auf zu hoffen, dass es je wieder anders werden könnte, alle positive Lebenserwartung wird unglaubwürdig. Was in Hiob noch zurückbleibt, ist das unbändige Bedürfnis zu verstehen, was der Sinn eines solchen Lebensschicksals ist, noch mehr, überhaupt zu verstehen, warum das Leben den einen so viel Gutes und Beglückendes und den anderen – ohne ersichtlichen Grund – nur eine trostlose Kette innerer und äusserer Not bringt. Die Bibel erzählt, dass Gott nach der Katastrophenserie das Schicksal Hiobs wieder zum Guten wendete. Wir erfahren allerdings nichts davon, ob Hiob sich mit diesem neuen Glück innerlich je wieder zurechtfand.

Die alltägliche und die berufliche-therapeutische Erfahrung mit Menschen lehrt uns, dass solche wiederholten Verlusterfahrungen nicht nur Spuren im Leben hinterlassen, sondern die Einstellung zum Leben meistens grundlegend verändern.

Ich denke an eine Frau, deren Vater Alkoholiker war. Ihre Mutter starb, als sie zwei Jahre alt war. Eine Sozialarbeiterin, eine Familienhelferin kam ins Haus. Das kleine Mädchen liebte diese Ersatzmutter über alles, sie wurde für sie zum Hort der Geborgenheit und Daseinsfreude.

Aber als das Mädchen vier Jahre alt war, musste diese Frau die Familie verlassen, der Vater verheiratete sich erneut. Der zweite grosse Verlust. Auch die neue Stiefmutter wurde für die Kleine zu einer guten Mutter. Welch ein Glück, möchte man meinen. Aber auch sie starb zwei Jahre später. Der dritte grundlegende Verlust. Das Mädchen kam dann ins Kinderheim, wurde später selber schwer krank und lag während seiner Adoleszenz jahrelang in Spitälern und Kurhäusern. Gesundet konnte sie eine Lehre machen. Sie wurde zu einer geschätzten Berufsfrau und Kollegin; wegen ihres freundlichen Wesens war sie allseits beliebt. Aber ihre Grundgefühle waren abgrundtiefes Misstrauen, eine längst zu einer Depression erstarrte Traurigkeit, innere Leere und Trostlosigkeit. Und noch mit 40 und 50 Jahren erfüllte sie jeder Blick zurück in ihre Vergangenheit mit Bitterkeit und schmerzlicher Wut. Freundinnen und selbst Therapeutinnen versuchten ihr immer wieder nahezubringen, doch auch das viele Gute zu sehen, das ihr im Leben widerfahren sei. Auf solche wohlmeinenden Ratschläge reagierte sie regelmässig mit einer unglaublichen aggressiven Heftigkeit und einer derb-primitiven Sprache, die so gar nicht mit dem differenzierten und sensiblen Wesen dieser Frau übereinstimmen wollten: «Was soll dieser Scheiss mit guten Erfahrungen!!» Gerade das Gute, das sie zweifelsohne erfahren hatte, war ihr ja wiederholt genommen und darum zur Quelle des Leidens geworden. Jede Erinnerung dieser Frau, und sie lebte viel in ihren Erinnerungen, wurde zur Klage und zur Anklage. Tragische Erinnerung! Diese Frau konnte und wollte ihr vergangenes Leben nicht anders erinnern denn als grausames, sinnloses Schicksal. Alles andere wäre ihr als Selbstbetrug erschienen.

Es brauchen nicht immer gehäufte Verlusterfahrungen in der frühen Kindheit zu sein, welche einen innerpsychischen Bezugsrahmen schaffen, der neue Ereignisse und Erlebnisse mit dieser Grundstimmung der Trauer und des Schmerzes einfärbt und als Abrufkontext die

Erinnerungen eines ganzen Lebens zur tragischen Wiederholung vergangenen Leidens macht. Ich kenne eine Frau, deren Vater starb, als sie bereits in ihrer Pubertät war. Dieser Verlust wog allerdings umso schwerer, weil die Mutterbeziehung eh und je keine «genügend gute» Muttererfahrung dargestellt hatte. Die Mutter konnte sich in ihrem Frausein nie akzeptieren, und so lehnte sie auch die Tochter von allem Anfang an ab. Die Tatsache allein, dass ihr Kind ein Mädchen war, veranlasste die Mutter, die Tochter immer und überall zu kritisieren und ihr das Gefühl zu vermitteln, dass sie nie genügte und nie würde genügen können, was immer sie auch tun und wie immer sie sich auch entwickeln würde. Der Vater liebte die Tochter und sie ihn, und das war eine dauernde Quelle der Eifersucht und verstärkte die ablehnende Haltung der Mutter. Der Tod des Vaters war für die junge Frau eine Katastrophe, weil sie ja gerade daran war, als pubertierendes Mädchen ihre Identität, ihren Wert und ihre Würde als Frau, ganz einfach sich selbst als erwachsene Frau zu finden. Zehn Jahre später starb die beste Freundin dieser jungen Frau, wieder ein paar Jahre später ihre einzige Schwester und nochmals zwei Jahre später eine ihrer drei Töchter. Die schicksalhafte Reihe von Verlusterfahrungen, obwohl sie diese erst als erwachsene Frau trafen, versteinerte zur tragischen Erinnerung, welche den Glanz des ganzen bisherigen Lebens zerstörte. Natürlich wusste die Frau, dass es in ihrem Leben, vor allem mit ihrem Partner und ihren eigenen Kindern, unglaublich viel Schönes gegeben hatte. Aber als Erinnerung, welche die Seele abermals mit starken Lebensgefühlen erfüllte, blieb nur Trauer und Schmerz. Selbst die Erinnerungen an die fröhlichen und lustvollen Ereignisse, und deren gab es unzählige, führten unweigerlich immer an jene Schwellen, die den Übergang zur erlittenen Tragödie darstellten.

Die tragische Erinnerung kann so unerbittlich starr anmuten wie eine paranoide Vorstellung, wie ein Wahn. In der

Seele wurde durch die Folge von Erfahrungen etwas verrückt; die Landschaft der Vergangenheit wird zwar vom Bewusstsein noch in einer gewissen Vielfalt wahrgenommen, aber die Seele scheint diese ganze Landschaft nur noch mit einem einzigen Farbfilter negativer Emotionen in der Erinnerung neu erleben zu können. Wie glücklich oder unglücklich solche Menschen ihr spätes Erwachsenenalter und ihr Alter erleben, hängt weitgehend davon ab, ob und wieweit es gelingt, auch die emotionale Erinnerung aus ihrer Fixierung zu erlösen und ihr den ganzen Farbkasten des Lebens zurückzugeben.

Unbewältigte Schuld – «Felix culpa»

Aufgrund meiner eigenen Erfahrungen und der mir zur Verfügung stehenden Informationen scheint es nicht sehr häufig zu sein, dass alte Menschen weit zurückliegende Verfehlungen als Erinnerungen erleben, die sich immer und immer wieder quälend aufdrängen. Aber es gibt sie, Väter und Ehemänner, die ihre Familien, als die Kinder noch klein waren, bei Nacht und Nebel, ohne wirkliche Vorsorge verliessen, um sich in einer abenteuerlichen Beziehung in einem fremden Land abzusetzen. Auch wenn es 50 Jahre später so aussieht, dass schliesslich alle, die verlassene Frau und die zurückgelassenen Kinder, ihren guten Weg durchs Leben gefunden haben, kann der alte Mann weder vergessen noch sich selber verzeihen. Und es hilft ihm kein bisschen, wenn ihm wohlmeinende Freunde einzureden versuchen, dass er sich keine Vorwürfe mehr zu machen brauche, weil zu guter Letzt doch alles gut herausgekommen sei, oder wenn auf religiöse Floskeln verhaftete Seelsorger vom lieben Gott zu reden beginnen, der doch schon längst alles verziehen und entstandenes Unheil gutgemacht habe. Noch weniger tröstet es, anhören zu müssen, man solle die Vergangenheit Vergangenheit sein lassen, man könne ohnehin nichts mehr ändern, es komme jetzt nur noch darauf an, die noch zur

Verfügung stehende Lebenszeit gut zu nutzen. Manche Menschen, die in ihrem Leben auf der politischen oder beruflichen Ebene erfolgreich mitgespielt haben, werden im Alter von Entscheidungen oder Verhaltensweisen in Form tragischer Erinnerungen eingeholt. Es können langjährige Freundschaften sein, die sie in einem kritischen Augenblick ihrer Karriere opferten, oder es waren Intrigen, die ihnen einen wichtigen Erfolg sicherten, aber andere Menschen schwer belasteten oder verletzten. Wenn sich solche Ereignisse als immer wiederkehrende schuldbeladene Erinnerungen zurückmelden, werden sie kaum je offenbart. Alte Menschen tragen sie meistens mit sich selbst herum, und diese düsteren Geheimnisse machen einsam oder liegen wie ein Nebelschleier über den Gesichtern von Menschen, die wir als eigentlich reife, im tiefsten Sinn gute, sensible Persönlichkeiten wahrnehmen. Sie deuten vielleicht dann und wann einem vertrauenswürdigen Mitmenschen an, dass es in ihrem Leben auch dunkle Schatten und recht tiefe Abgründe gegeben habe, um vorsichtig abzutasten und auszuloten, ob da jemand ist, der bereit ist, mit ihnen diese Nachtseiten ernst zu nehmen. Wenn der alte Mensch stattdessen mit den verharmlosenden Verallgemeinerungen eingedeckt wird, dass alle Menschen im Leben ihre Fehler machen, wird er weiter schweigen. Nur depressive alte Menschen werden sich laut und manchmal gleichzeitig bei vielen Mitmenschen selber dessen bezichtigen, was sie als das grosse Versagen in ihrem Leben zu erkennen meinen. Öfter freilich werden sie in einer gänzlich undifferenzierten Weise wiederholen, dass sie im Leben alles falsch gemacht haben. Wenn es bei der Wiederholung einer solchen pauschalen Selbstanklage bleibt, gehört eine solche Erinnerung ans eigene Leben zu den tragischsten, die denkbar sind. Denn sie verstellen nicht nur den Blick auf all das Gute und Sinnvolle, zuallererst verhindern sie auch, die wirkliche Schuld zu sehen und als dunklen Aspekt im eigenen Leben zu begreifen.

Die lautstarke Selbstanklage, im Leben alles falsch gemacht zu haben, hat auch einen deutlichen Anstrich von Grandiosität. Sie wird zwar negativ formuliert, nimmt aber für sich in Anspruch, sich selber und seine Entscheidungen mit absoluter Gültigkeit zu kennen und bewerten zu können. In der Behauptung, alles falsch gemacht zu haben, wird auch der narzisstische Anspruch spürbar, wenigstens auf der dunklen Seite wieder der Grösste zu sein. Gleichzeitig wirkt eine solche radikale Aussage auf die Umgebung fast immer wie eine paradoxe Intervention in der Psychotherapie; der Sprecher erwartet von den Zuhörern und Zuhörerinnen so gut wie nie, dass sie ihm beipflichten, sondern ganz im Gegenteil, dass sie sofort Partei für ihn ergreifen und anfangen darzutun, wie viel Gutes er im Leben geleistet habe.

Es gibt Menschen, die mit ihrer Selbstanklage, alles im Leben falsch gemacht zu haben, tatsächlich ihre erschreckende Erkenntnis über sich mitzuteilen versuchen, dass sie nie gewagt haben, ihr eigenes Leben zu leben. Aus Angst, etwas falsch zu machen, versuchten sie sich immer so sehr an die kollektiven Leitplanken der Moral oder der religiösen Tradition zu klammern, dass ihnen nie vorgeworfen werden konnte, Fehler gemacht oder bestehende Regeln verletzt zu haben. Aber sie lebten mit dieser infantil-ängstlichen Einstellung immer an ihrer eigenen Verantwortung und damit auch an ihrer eigenen Freiheit und an ihrem schöpferischen Lebenspotenzial vorbei. Solche Menschen kann im Alter die Einsicht, nie wirklich gelebt zu haben, wie ein Alptraum überfallen; und dies kann sich auch in der Weise äussern, dass sie behaupten, alles, aber auch wirklich alles falsch gemacht zu haben; nicht im Sinn einer Summe von Fehlern, sondern falsch vom Ansatz her. Wenn wir nachfragen, können diese Menschen oft auch den Finger auf konkrete Entscheidungssituationen legen, bei denen sie ihrem Leben eine andere Richtung hätten geben müssen, wenn sie es gewagt hätten, für sich Verantwortung zu übernehmen.

Sie hätten zum Beispiel einen anderen Beruf gewählt, der überhaupt nicht ins Konzept ihrer Eltern gepasst hätte, oder sie hätten eine andere Partnerwahl getroffen oder sie hätten eine Beziehung aufgelöst, eine berufliche Karriere aufgegeben oder sich auf einen anderen spirituellen, religiösen oder ideellen Weg begeben.

Es gibt in der Bibel einen dramatischen Text, der die Not dieser Rückschau und die selbstzerstörerische Erkenntnis des verpassten Lebens schildert. Sie finden ihn im Evangelium des Matthäus im 25. Kapitel. Es handelt sich dort um die Gleichnisrede Jesu von den Talenten. Die Geschichte handelt von einem Mann, der sein Vermögen an drei Angestellte verteilt. Dem einen gibt er fünf, dem anderen zwei und dem dritten ein Talent. (Ein Silbertalent jener Zeit wäre in heutige Währung übersetzt viele Millionen Euro wert.) Die Höhe der zugeteilten Summe entspricht den Fähigkeiten der betreffenden Untergebenen. Sie sollen damit arbeiten. Der mit den fünf Talenten investiert diese und gewinnt fünf weitere Talente hinzu; der mit den zwei Talenten erarbeitet sich zwei weitere Talente; nur derjenige mit dem einen Talent vergräbt dieses eine in der Erde, um sicher zu gehen, dass er es nicht allenfalls durch Fehlinvestitionen verliert. Bei der Rückkehr des Besitzers werden die beiden ersten Angestellten von diesem über den grünen Klee als gute und treue Knechte gelobt und reichlich belohnt. Der Dritte bringt das ihm anvertraute Gut zurück, er hat nichts verloren, aber er hat auch nichts dazu gewonnen. Er hat nichts falsch gemacht, aber er hat gar nichts gemacht. Und er wird gnadenlos als schlechter und fauler Knecht, als gescheiterte Existenz verurteilt. Er versucht sich in seiner Hilflosigkeit noch mit seiner Angst zu entschuldigen; aber das rettet ihn nicht vor der Verdammung.

Für mich als Psychotherapeuten ist diese Geschichte grauenvoll wahr. Der Mensch mit den wenigsten Talenten, der Mensch mit dem schwächsten, dem brüchigsten

Selbstvertrauen, wagt den Sprung in die Selbstverantwortung nicht. Er fürchtet die «Strenge des Herrn», er wagt es nicht, Risiken einzugehen und Fehler zu machen. Die Autorität ist ihm absolute Norm, das eigene schöpferische Potenzial wird unterdrückt. Er hält sich allenthalben an die Regeln und Normen und an die Erwartungen, die von den Eltern, Kirchen und von der Gesellschaft an ihn herangetragen werden. Wenn dieser Mensch im Alter Rückschau hält auf sein Leben, verurteilt er sich genau mit jenen Argumenten selbst, die ihm in der Bibel vom Besitzer entgegen gehalten werden. «Warum hast du nichts getan? Weil du nichts getan hast, hast du zwar keine Fehler gemacht, aber du hast im Leben insgesamt versagt, du hast dein Leben verfehlt.» Die Angst ist keine Entschuldigung. Und doch war es seine Angst, sein schwächliches, mangelndes Selbstvertrauen, das ihn gehindert hatte, sein Leben in die eigenen Hände zu nehmen.

Wenn das Leben als Ganzes als gescheitertes Leben erinnert wird, braucht es starke Zuhörer, die es aushalten, mit dem betroffenen Menschen die Last seiner Verzweiflung auszuhalten. Und es braucht Zuhörer, die aus einer tiefen Einsicht in die Mechanismen des menschlichen Verhaltens heraus dem Verzweifelten glaubwürdig dartun können, dass er keine Chance gehabt hatte, zur eigenen Freiheit durchzustossen, obwohl er auch die Erwartung verinnerlicht hatte, genau dies tun zu müssen. Bei entsprechender Unterstützung kann die tragische Erinnerung an das verpasste Leben zur Einsicht in eine der unheimlichsten Gesetzmässigkeiten des psychischen Lebens werden.

Die Erinnerung an Schuld kann zu einem äusserst fruchtbaren Ansatz werden, aus isolierten Einzelereignissen zu vielfältigen und bereichernden Erinnerungslandschaften vorzustossen. Die schuldhafte Tat oder Entscheidung führt zu Lebenszusammenhängen, welche neue tiefe Einblicke in unser eigenes Wesen, in unsere Persönlichkeitsstruktur und ins menschliche Leben überhaupt eröffnen. Erst in der Erinnerung hat Schuld oft die Chance, zur «felix culpa» zu werden, zu jener «glücklichen Schuld», von der in der Osternachtliturgie der katholischen Kirche seit Jahrhunderten gesungen wird, dass sie das Wunder eines solchen Erlösers zuwege gebracht habe. Die Schuld liegt oft wie ein Felsbrocken im Lebensgarten. Wir sollten den Menschen nicht vorschnell drängen, doch nicht dauernd auf diesen Stein zu starren, sondern die Blumen und das Gemüse und die Sträucher im grossen Umfeld zu bewundern. Erst wenn jemand mit diesen Menschen wirklich hinschaut und den Stein anschaut, erst dann können viele nachher auch wegschauen, ohne das Gefühl zu haben, etwas ganz Wichtiges verdrängt oder ausser Acht gelassen zu haben. Ich bin wiederholt Menschen begegnet, die mir erzählten, wie sie Seelsorger oder Freunde wutentbrannt fortgeschickt hätten, weil diese ihnen ihre Schuld auszureden und sie damit um ein wichtiges Stück Leben zu betrügen suchten. Der kurzschlüssige vorschnelle Hinweis auf Vergebung tröstet und schützt die Menschen der Umgebung – aber nicht den betroffenen.

Es liegt nicht an uns als Mitmenschen, letztlich darüber entscheiden zu wollen oder zu sollen, ob die Erinnerung eines Menschen mit wirklicher oder vermeintlicher Schuld zu tun hat. Es wird immer hilfreich sein, die Erinnerung ernst zu nehmen, aber sie immer wieder von neuem zum Ausgangspunkt einer Entdeckungsreise in die vielfältigen, verwirrenden Zusammenhänge des Lebens zu machen, in die Familien- und in die Zeitgeschichte, in kulturelle und politische und kirchliche Bereiche, in die grossen Entwicklungen der religiösen Tradition. Das Schuldgefühl, das Menschen als tragische Erinnerung im Alter nicht in Ruhe lässt, kann im Alter mit der entsprechenden Unterstützung von Mitmenschen zum unablässigen Anstoss werden, Menschen zu Philosophen zu machen, die differenziert und kritisch nachsinnen über die grossen Fragen des Menschseins, über Freiheit und unausweichliches Schicksal, über das Wesen von Beziehung und Liebe, über kollektive Bedingtheit und Einmaligkeit unseres menschlichen Lebens.

Scham: «Es treibt mir noch heute die Schamröte ins Gesicht»

Menschen tun Dinge in ihrem Leben, deren sie sich noch nach Jahrzehnten schämen. Wenn immer möglich, werden sie aus dem Bewusstsein verdrängt, und wenn sich die Erinnerung an solcherart Vorkommnisse aufdrängt, wird sie meistens aktiv und bewusst beiseite geschoben und so gut und rasch als möglich verdrängt. Nur selten wird einem Mitmenschen erlaubt, in diese Seiten des eigenen Lebensbuches hineinzuschauen. Viel öfter werden sie ausdrücklich geleugnet, wenn es jemand wagt, den alten Menschen darauf anzusprechen. Es sind dabei längst nicht immer Ereignisse, die als besonders schuldhaft gewertet werden, welche diese tiefen Schamgefühle wachrufen. Aber sie scheinen in besonderer Weise an den Kern des Identitätsgefühls zu rühren; das also bin ich! Das Selbstwertgefühl, die Selbstachtung des Menschen ist von ihnen in einem absoluten Sinn betroffen. Die menschliche Existenz in ihrer Grösse und Würde ist in Frage gestellt; in der Scham erlebt der Mensch seine kreatürliche Verletzlichkeit in einer Weise, die alles definierbare Mass übersteigt; die Scham wird zur transzendenten religiösen Erfahrung, die implizit den Daseinssinn schlechthin betrifft. Es sind kaum je eigentliche Verbrechen, welche später in der Erinnerung schambesetzt auftauchen. Mir sind diese tiefen Schamgefühle begegnet im Zusammenhang mit Abtreibungen, die 40 oder 50 oder mehr Jahre zurücklagen; häufiger traf ich sie bei Männern, die aus Feigheit nicht zur Schwangerschaft einer Freundin gestanden waren, oder bei Männern die Minderjährige sexuell verführt und missbraucht hatten. Aus einigen wenigen eigenen Erfahrungen, aber aus zahlreichen Mitteilungen ist mir bekannt, wie die Zugehörigkeit zur national-sozialis-

tischen Partei während der Nazi-Zeit mit diesen abgrund-
tiefen Schamgefühlen erinnert (und darum so häufig verleugnet) wird, auch wenn der betroffene Mensch nirgends
aktiv an Gräueltaten irgendwelcher Art beteiligt war.
Aber es gibt auch Vorfälle, die in den Augen der Umwelt
als völlig harmlos erscheinen und die von den Betroffenen
mit dieser existenziellen Scham erinnert werden: ein
kleiner Diebstahl in der Familie oder bei Freunden, eine
Notlüge, durch welche Spielkameraden oder Nachbarn
fälschlicherweise verdächtigt wurden, die Fälschung
eines Schulzeugnisses ...

Schambesetzte Erinnerungen werden selbst in vertrau-
lichen Gesprächen meistens nur mit grösster Zurückhaltung angedeutet. Und es wird nur dann zu einer weiterge-
henden Offenlegung dieses verletzlichen Kernbereichs
der Seele kommen, wenn der Zuhörer oder die Zuhörerin
vermitteln kann, dass das Berichtete keinen Schrecken
auslöst. Meist ist es aber noch viel wichtiger, dass die
Gewissheit besteht, dass das Berichtete nicht verharmlost
wird: «Das ist doch alles nicht so schlimm.» oder «Darüber ist doch nun längst Gras gewachsen.» Es gibt keine
andere Tür, die so direkt ins Zentrum der Seele führt wie
die Scham, in die verletzlichste aber auch zarteste Mitte
des Menschseins. Im biblischen Paradiesmythos ist das
Wissen um die eigene Nacktheit und das damit verbun-
dene Schamgefühl die erste Frucht des neuen erweiterten
Bewusstseins der Menschen.

Die Erinnyen, Rachegöttinnen: «Ich kann nicht vergessen»

Bei diesen tragischen Erfahrungen können, dürfen und
sollen wir auch mit der Gnade des Vergessens rechnen. Es
gibt Erfahrungen im Leben von Menschen, die als unan-
tastbares Geheimnis gehütet und respektiert werden müssen. Es ist offensichtlich, dass es Menschen gibt, die mit
der wachsenden zeitlichen Distanz von den Ereignissen
immer mehr nur noch die Erlebnisse erinnern, die sie als

gut und lustvoll erlebt hatten. Diese Menschen wissen zwar immer, dass in ihrem Leben nicht alles rund gelaufen ist und Misserfolge, Enttäuschungen, Lieblosigkeiten und Verluste ihren Lebensweg gesäumt haben. Aber spontanerweise melden sich nur die positiven Ereignisse als konkrete Erinnerungen, als farbige Geschehnisse. In der Folge haben diese Menschen wie von selbst im Alter das Grundgefühl, sich jetzt auf dem letzten Wegstück eines insgesamt glücklichen Lebens zu bewegen. Die Erinnerung an einen sinnerfüllten Lebensweg braucht nicht immer explizit zu sein; sie ist wie ein Daseinshorizont, ein Bühnenhintergrund, vor dem jetzt noch die letzten Szenen des persönlichen «Welttheaters» gespielt werden. Diese zwar nicht ausdrückliche, aber dafür allgegenwärtige Erinnerung an ein gutes Lebens macht es wie selbstverständlich, auch die noch verbleibende Gegenwart mit gelassener Zufriedenheit zu erleben. Es ist nicht Feigheit, sondern lebensnotwendiger Selbstschutz, wenn Menschen gewisse Räume ihrer Vergangenheit nie mehr betreten wollen, weil die Erinnerung an die Hölle wieder neu zur unentrinnbaren Qual würde. Bezugspersonen alter Menschen sollten diese nie aus eigener Neugier oder aus einer dogmatisch gewordenen Aufarbeitungsdoktrin heraus an tragische Erinnerungen heranführen oder in sie hineindrängen. Wo gnädiges Dunkel schwarze Nächte der Vergangenheit verhüllt, kann man es nur dankbar und demütig annehmen.

Es gibt nun aber auch andere Menschen, und es sind ihrer nicht so wenige, die sich im Alter vornehmlich an die Dinge erinnern, die sie auf irgendeine Weise frustriert, verletzt oder verärgert hatten. Darüber hinaus drängen sich immer wieder vergangene Ereignisse als Erinnerung in ihr gegenwärtiges Bewusstsein, die sie auch im gegenwärtigen Augenblick noch in einem hohen Mass unglücklich machen. Es gibt keine einfache allgemein gültige Erklärung, warum Menschen so verschiedenartig, so ge-

gensätzlich auf ihre Vergangenheit reagieren; die Folgen freilich sind existenziell bedeutsam. Die Erinnerung ans Leben macht die Altersphase im Wesentlichen zu einer glücklichen oder unglücklichen. Es ist primär die Vergangenheit und die Art, wie die Vergangenheit erinnert wird, welche die Gegenwart des alten Menschen mit Sinn erfüllt, und es sind nur sekundär die aktuellen Aktivitäten und Ereignisse, Krankheiten und Betreuung, welche der Gegenwart des alten Menschen das Gefühl einer innerlich reichen und sinnvollen Existenz vermitteln.

Typologische Grundlegung

Offenbar werden wir Menschen schon mit einer seelischen Grundstruktur geboren, die grossen Einfluss darauf hat, ob äussere und innere Lebensereignisse tendenziell eher als positiv und lustvoll oder als negativ und belastend wahrgenommen und erinnert werden. Seit der Antike haben alle grossen Beobachter und Forscher im Bereich unseres Seelenlebens angenommen, dass unsere Reaktionsmuster nicht nur von unserer Lebensgeschichte abhängen, sondern zu einem massgeblichen Teil vorgegeben sind durch eine angeborene Typologie. Die Griechen sprachen darum von Melancholikern und von Sanguinikern, von Menschen also, die aufgrund ihres angeborenen «leichtblütigen» Wesens eher das Schöne im Leben zu sehen und zu erleben vermögen, und von Menschen, die aufgrund ihrer ererbten «schwarzen Galle» immer eher unter dem Schweren und Dunklen des Daseins leiden. Die Typologien der zeitgenössischen Psychologien haben keine differenzierten Aussagen gemacht.

Was eigentlich schon immer zum Urwissen der Menschheit gehört hat, thematisierte C. G. Jung in eindrucksvoller Weise mit seinen Beobachtungen und Aussagen zur Gegensatzstruktur der Wirklichkeit. Um Wirklichkeit zu erfassen, «zerlegt» sie das menschliche Bewusstsein in einander widersprechende und doch aufeinander bezogene Pole: oben und unten, Geist und Materie, Licht und Dunkel, gut und bös, männlich und weiblich usw. Und um konkreter zu fassen, auf welche Weise der Mensch sich dieser Wirklichkeit annähert, beschreibt Jung die verschiedenen «Funktionen» der menschlichen Psyche. Er analysiert mit seinem Denken, er wertet mit seinem Gefühl, er stellt beobachtend fest mit seiner Empfindung und er bringt in grosse Zusammenhänge mit seiner Intuition. Und Jung meint nun aufgrund seiner immensen Forschungsarbeit festgestellt zu haben, dass Menschen schon von ihrer angeborenen Struktur her, vorzugsweise mit dem einen oder anderen dieser «Instrumente» arbeiten und sich im Leben orientieren. Je nachdem, welche dieser Seelenfunktionen als die verlässlichste und bestausgebildete vorgefunden wird, nennt er den Menschen den Denk- oder den Fühl- oder den Empfindungs- oder den Intuitions-Typus. Fritz Riemann seinerseits hat beobachtet, welche Grundbedürfnisse das Seelenleben des Menschen dominieren, und er hat sie im Einzelnen identifiziert als Bedürfnis nach Individualität, nach Zugehörigkeit, nach Kontinuität und nach schöpferischer Veränderung. Auch Riemann glaubt festzustellen, dass Menschen schon bei ihrer Geburt eine seelische Grundstruktur mitbringen, in der das eine oder andere dieser Grundbedürfnisse einen dominanten Platz hat. Und entsprechend redet er dann vom schizoiden, depressiven, zwanghaften oder hysterischen Persönlichkeitstypus. Es gäbe ungezählte andere Möglichkeiten, die ebenso sinnvoll sein könnten, Menschen von ihrer Typologie her zu beschreiben. Immer wieder begegnet in der Literatur die Unterscheidung des apollinischen und dionysischen Menschentypus, also solche, die von ihrem angeborenen Wesen her auf das Geistige, Musische und Geordnete hin orientiert sind und solche, die sich vom Lustvollen, Sinnlichen und Orgiastischen angezogen fühlen.

Zu den urtümlichsten und tiefstreichenden Gegensätzen gehörten im Lauf der menschlichen Bewusstseinsgeschichte immer die Unterscheidungen in gut und bös, Licht und Dunkel, Leben und Tod, und – auf der menschlichen Erfahrungsebene – in glücklich und unglücklich. Alle religiösen Traditionen und alle grossen Mythologien haben die beiden Seiten gleichermassen ernst genommen und sie als die unverzichtbaren Aspekte der einen und selben Daseinswirklichkeit gesehen. Nur die christliche Theologie und Philosophie versuchte mit ihrer Theorie der «privatio boni» dem Bösen eigentlich seine Existenz abzusprechen und es als das Fehlen des Guten zu deuten. Menschliches Bewusstsein ist beschränkt, es ist nie in der Lage, die Wirklichkeit unmittelbar und ganz zu begreifen; es benützt immer den einen und anderen Zugang, der ihm eine Annäherung ermöglicht, immer mit dem Preis der Einseitigkeit. Der reife Mensch bleibt sich dieser Einseitigkeit bewusst und er wird versuchen, allenfalls in einem späteren Zeitpunkt sich der gleichen Erfahrung von einer anderen Seite zu nähern, oder er wird sich eingestehen, dass ein anderer Mensch für ihn von anderswoher schaut oder seinen Bewusstseinsscheinwerfer auf einen anderen Aspekt der Wirklichkeit fokussiert.

Gute Paarbeziehungen zeichnen sich unter anderem ja gerade auch dadurch aus, dass die beiden Partner in der Lage sind, die oft nicht nur verschiedenen, sondern sogar widersprüchlichen Erlebnis- und Sichtweisen als gleichermassen gültige und einander ergänzende Wahrnehmungsweisen der Wirklichkeit gelten zu lassen. Der Denker beispielsweise wird die Aussagen eines Gastes auf den «objektiven» Wahrheitsgehalt überprüfen, der Fühltyp die emotionale Qualität seiner Präsenz aufnehmen.

Im Lauf der Jahre hat sich aufgrund meiner Erfahrung mit Menschen die Arbeitshypothese gebildet, dass es Menschen gibt, deren seelische Grundstruktur sie eher dazu befähigt, die Welt in ihrem dunklen Aspekt wahrzunehmen, und auf der subjektiven Ebene das Leben eher über das Leiden zu erfahren. Daran ist zunächst auch nichts falsch oder pathologisch. Das Dasein ist materiell und geistig, und wir sind uneingeschränkt bereit zu akzeptieren, dass es Menschen gibt, die von ihrer Begabung und ihrem angeborenen Interesse her dazu neigen, sich vor allem dem geistigen oder dem materiellen Bereich zuzuwenden. Die Spannung jedes Films und jedes Theaterstücks beruht weitgehend auf der Polarität «gut – böse». Es ist nun einmal so, dass sich in unserem Leben auch das Gute auf Dauer nicht als erstrebenswert erfahren lässt, wenn es nicht durch das Böse konkurriert wird. Es scheint mir legitim zu sein, dass sich Menschen vorzugsweise dem Dunklen zuwenden. Weil wir damit Mühe haben, wird das Böse so oft zur heimlichen Faszination, die sich kaschiert und in vielerlei Weise verkleidet. Der Anspruch, dass eigentlich nur die Hinwendung zum Guten berechtigt ist, macht den Umgang mit negativen Erfahrungen, auch mit den negativen Lebenserinnerungen, erst eigentlich schwierig und mühsam. Es wäre ein grosser Schritt zur Entkrampfung und Entspannung, wenn wir den Pessimisten unter uns Mitmenschen so etwas wie eine Blanko-Vollmacht erteilen könnten, uneingeschränkt von der Nachtseite des Mondes reden zu dürfen. Es würde diese Mitmenschen vom Erwartungsdruck entlasten, sie müssten doch um jeden Preis auch das Gute sehen; ich würde ihnen dankbar zugestehen, dass sie stellvertretend für viele andere, vielleicht auch für mich, die dunkle Seite der Existenz ins Bewusstsein heben. Es ist ja oft erstaunlich, mit welcher Hartnäckigkeit tragische Erinnerer das Tragische in ihrem Leben oder im Leben überhaupt verteidigen, so als ob sie sich wirklich mit ihrer ganzen Daseinskraft dafür einsetzen müssten, dass diesem Dunklen genügend Anerkennung gezollt wird.

Synton mit dem Lebens-Skript

Die Typologie allein genügt nicht als Erklärung, warum sich manche Menschen im Alter immer an die gleichen belastenden Lebensereignisse erinnern müssen. Im Leben dieser Menschen gibt es auch grundlegende Erfahrungen in Kindheit und Jugend, die sich zu einer umfassenden Weltanschauung und zu einem tragenden Selbstbild verdichten. «So ist das Leben, so ist dein Leben, du hast nichts anderes zu erwarten.» Und alle späteren Erlebnisse und Ereignisse werden in dieses Lebens-Skript eingefügt. Alles, was diesem Menschen später zustösst, wird durch diese Grundstimmung eingefärbt und entsprechend diesen Urmustern gedeutet. Vor allem aber werden jene Vorkommnisse in der Erinnerung bei jeder sich bietenden Gelegenheit abgerufen, welche diese dominierenden Anschauungen zu bestätigen scheinen. Wenn die prägenden Erfahrungen der frühen Lebensjahre dahin gehen, dass das Leben eigentlich nichts anderes ist als Trauer, Unglück, Verlassenheit, Einsamkeit, Verrat, so wird all das mit einer grossen inneren Bereitschaft registriert und in der Psyche festgehalten, was mit diesem Selbst- und Weltbild übereinstimmt. Positive Erlebnisse wirken auf einen solchen Menschen eher als Verunsicherung, sie widersprechen seiner Urerfahrung, sie machen misstrauisch, sie stellen die Verlässlichkeit seines bisherigen seelischen Orientierungssystems in Frage. Darum macht das Schöne solche Menschen nicht einfach glücklich, es verbindet sich immer mit der Angst, dass das Gute vielleicht doch nur eine Täuschung ist, aus der man alsbald wieder erwachen wird. Oder es konfrontiert mit der beängstigenden Frage, ob man allenfalls all das revidieren muss, was bisher für die Seele fraglos gültig gewesen war. Negative Urerfahrungen werden zu einem Urkonzept, in dessen Licht alles Kommende interpretiert wird.

Das Unglück der frühen Lebensjahre wird zu einem Wesenselement der eigenen Identität.

Eine spätere Korrektur wird von den betroffenen Menschen nicht einfach als Geschenk erlebt, sondern löst Angstgefühle aus, die sich bis zur Panik steigern können, überhaupt nicht mehr zu wissen, wer man ist.

Die kompensatorische Erinnerung

Nach 35 oder 40 oder mehr Jahren Ehe stirbt der Mann. Alle Verwandten und Bekannten, alle Freunde und Nachbarn wissen, wie schwierig die Beziehung der beiden Partner war. Sie war nicht nur schwierig; im Grunde genommen wissen es alle, dass die Beziehung der beiden über Jahre und Jahrzehnte eigentlich eine einzige Katastrophe war. Vor allem ist allen klar, dass die betroffene Frau in dieser Ehe frustriert und unglücklich war. Es war auch nach aussen offenkundig, dass es seit undenklichen Zeiten keine Zärtlichkeit mehr gab, von Erotik und Sexualität ganz zu schweigen. Vom Mann war nie ein Wort der Anerkennung oder Dankbarkeit zu hören. Tag für Tag war er mit seiner Frau mürrisch, gehässig und zugeknöpft. Was immer sie tat, wurde kritisiert und entwertet. Sein Verhalten führte ihr auch unablässig vor Augen, wie unzufrieden er mit seinem Leben war, und wie sehr sie schuld war an seiner Unzufriedenheit. Jeder Tag begann mit den gleichen Nörgeleien, und jeder Tag hörte auf mit der gleichen lieblosen, freudlosen und immer latent aggressiven Stimmung. Und dann stirbt dieser Mann. Alle, welche die Situation der beiden gekannt haben, gehen davon aus, dass dieser Tod für die Frau wie eine Erlösung sein müsste und wie die Morgenröte einer letzten Chance, das Leben doch noch einmal zu packen und die verbleibenden Jahre völlig neu und anders zu leben. Es gibt diese Entwicklungen nach dem Tod eines Partners. Ein halbes Jahr später ist die zurückgebliebene Frau fast nicht wieder zu erkennen, sie ist aufgeblüht, wirkt unternehmungslustig, geht auf Reisen, pflegt Freundschaften, lacht und geniesst den Alltag. In manchen Fällen sagen dann auch jene Bekannten, die sie schon vor der Eheschliessung gekannt hatten: «Sie ist wieder sich selbst geworden.» In anderen Fällen scheint es, dass Lebenspotenzial durchgebrochen ist, das überhaupt noch nie in Erscheinung getreten war.

Aber es gibt nun auch die ganz anderen Entwicklungen, und sie sind nicht selten. Fast alle machen solche Beobachtungen in ihrem Bekanntenkreis. Der Mann der oben konstruierten Modellsituation stirbt, und die zurückgebliebene Frau beginnt schon nach kürzester Zeit allen zu erzählen, was für ein wunderbarer Mann er gewesen sei und was für eine schöne Beziehung sie gehabt hätten. Und sie ist offensichtlich sehr traurig über den Verlust und beklagt ihr Alleinsein nach all den glücklichen Jahren ihrer Gemeinsamkeit. Für die Umgebung ist es nicht immer ganz einfach zu spüren, wie sie auf diese offensichtliche Verfälschung reagieren soll. Manche werden auch rasch ärgerlich über diese handgreifliche Schönfärberei, fernab von jeder Wahrheit. Soll man korrigierend dazwischenfahren und darauf pochen, dass es nun wirklich nicht so war? Soll man es stillschweigend hinnehmen? Oder darf man sogar bestätigen, dass man den tiefen Schmerz versteht nach dem Verlust einer so wertvollen, Leben erfüllenden Beziehung? Aufgrund meiner Beobachtungen meine ich davon ausgehen zu dürfen, dass die meisten dieser trauernden Menschen weder sich noch ihre Umwelt bewusst und vorsätzlich täuschen wollen. Emotional glauben sie ihren Erinnerungen, die in einem spontanen Prozess die Realität ins Gegenteil verkehrt haben. Dabei gibt es unter ihnen sogar Menschen, die mit dem Verstand sehr wohl wissen, dass es so gar nicht gewesen sein kann. Und sie können sich nicht helfen. Jetzt ist es ihre Erinnerung, und diese Erinnerung rechtfertigt ihre Gefühle der Trauer und diese Erinnerung verändert eine lange Beziehungsgeschichte und gibt ihr eine positive Bedeutung. Die Erinnerung kompensiert die Frustration und das Unglück einer ganzen Lebenszeit. Meines Erachtens hat dies einen tiefen Sinn. Die Erinnerung ist auch nicht einfach falsch. Nur bringt die Erinnerung nicht die wirklichen Geschehnisse ins Bewusstsein zurück, sondern das Verlangen, die Sehnsucht dieses Menschen nach einer guten Beziehung, die durch all die Jahre nie erlosch. Die Seele wusste immer, wie eine gute Beziehung hätte sein können und sollen, die Seele war immer erfüllt von dem Wunsch, Zärtlichkeit zu schenken und zu bekommen, Gefühle der Dankbarkeit und Zuneigung auch explizit zu äussern, einander auch heimliche Ängste und die beunruhigenden Fragen über das Woher und Wohin unserer Existenz anzuvertrauen. Die Erinnerung bezieht sich im Wesentlichen nicht auf die äussere, sondern auf die innere Wirklichkeit vergangener Jahre. Und diese innere Wirklichkeit von Visionen und Hoffnungen ist eine Wirklichkeit, die nach dem Tod und damit nach dem endgültigen Scheitern der äusseren Wirklichkeit voll in Erscheinung tritt.

Unter diesem Gesichtswinkel dürfen wir auch als Mitmenschen diese verzerrten, in ihr Gegenteil verkehrten Erinnerungen ernst nehmen, und wir können sie liebevoll spiegeln als die grosse Sehnsucht und das vorhandene, aber nicht umgesetzte Potenzial. Es ist darum durchaus hilfreich, dem trauernden Menschen in einer solchen Situation etwa zu sagen, wie sehr es uns berührt, dass sie ihre Beziehung jetzt so vor sich sieht, wie sie sich das gemeinsame Leben immer gewünscht habe. Oder wie gut es doch ist, dass jetzt noch als Erinnerung ans Tageslicht kommt, was in der Tiefe an Möglichkeiten angelegt war. Wir brauchen dann nicht weiter zu widersprechen; die meisten Betroffenen können ein solches Feedback erleichtert und dankbar entgegennehmen. Ohne mehr darüber reden zu müssen, hilft es dem trauernden Hinterbliebenen seine Trauer zu verstehen und ihr ihren Wert zu belas-

sen. Die Trauer besteht zu Recht, als Trauer über Lebensmöglichkeiten, die immer ersehnt, aber nie wirklich
umgesetzt werden konnten.

Die «historische» Erinnerung

In meiner Tätigkeit als Psychotherapeut habe ich wiederholt mit alten Menschen gearbeitet, die wegen typischen
Altersdepressionen zu mir kamen. Sie waren pensioniert,
Ende 60 oder Anfang 70, und sie beklagten sich über die
Leere ihres jetzigen Lebens; sie würden von niemandem
mehr gebraucht; dann und wann Enkel zu hüten sei doch
mehr eine Alibi-Übung als ein sinnvoller Lebensinhalt.
Gleichzeitig erschienen ihnen tägliche Aufgaben, der
Haushalt, Einkaufen, Putzen und vor allem administra-
tive Dinge, wie das Bezahlen von Rechnungen, Verhand-
lungen mit einem Handwerker zur Behebung eines kleines Schadens in der Wohnung oder die Klärung eines
Missverständnisses mit dem Hauseigentümer oder Nachbarn wie unüberwindliche Berge. Nicht alle, aber manche
von ihnen wiederholten jammernd und mit einiger Bitterkeit immer wieder, wie unbedeutend ihr ganzes Leben
gewesen sei. Sie hatten zwar ihren Beruf gehabt und dort
in verschiedenen, auch verantwortlichen Positionen gearbeitet; sie zogen drei Kinder auf, die alle längst wieder
ihre eigenen Familien gegründet und im Leben ihren Platz
gefunden und behauptet hatten. Aber es gab nichts Spek-
takuläres in ihrer Geschichte: Sie hatten keine Firmen
gegründet, keine politischen Schlagzeilen gemacht; es
gibt keine Erfindungen, die ihren Namen tragen, es gab
nie öffentliche Ehrungen oder Preise für Veröffentlichun-
gen, keine Reformen, die sie in Institutionen durchgesetzt
hatten. Niemand würde sie vermissen, wenn es sie nicht
mehr gäbe, und sie würden nach ihrem Tod sehr bald in
völlige Vergessenheit geraten. Ihre depressive Gestimmtheit färbte auch die Erinnerungen an ihr Leben in einer

Weise, als ob dieses immer schon nur langweilig und grau gewesen wäre.

Die Umgebung erlebt diese alten Menschen als mühsam, sie gelten als dauernd unzufrieden und leicht reizbar.

Bei vielen dieser alten Menschen habe ich während Stunden und Stunden sorgfältig und behutsam nach ihrer Lebensgeschichte gefragt. Es ging mir dabei überhaupt nicht darum, irgendwelche Ereignisse aufzuspüren, die in irgendeiner Weise für die gegenwärtige Depression mitverantwortlich gemacht werden könnten. Und es war nie meine Intention, neurotische Störungen aufzudecken und aufzuarbeiten. Wenn sie sich an irgendein Ereignis aus ihrer Schulzeit erinnerten, fragte ich beispielsweise nach, wie gross denn damals die Klassen waren. 35 Kinder, 42 oder sogar mehr für einen Lehrer. Was waren die Lehrmittel, die Sportmöglichkeiten, Ausflüge, Transportmittel? Bei einer alten Frau folgte ich der Erinnerungsspur, um mit ihr durch das ganze farbige Land damaliger Waschgewohnheiten zu wandern; der Bogen führte vom Waschen am Dorfbrunnen bis zur vollautomatischen Waschmaschine, deren sie sich heute bedient. Kleine persönliche Erinnerungsfragmente wurden dazu benutzt, Mosaikstein um Mosaikstein zusammenzutragen, bis sich die Bilder einer ganzen Epoche abzuzeichnen begannen und die vielfältigen Veränderungen im Lauf der Jahrzehnte sichtbar wurden. Auch bei offensichtlich politisch ganz uninteressierten Menschen tauchten die dramatischen Ereignisse auf, welche das öffentliche Leben vergangener Jahrzehnte geprägt hatten, die Kriege, soziale Unruhen, Streiks, Arbeitslosigkeit; sie erinnerten sich an die grossen Auftritte der grossen Akteure auf der politischen Bühne, Vertragsabschlüsse und Vertragsbrüche. An kleine Erinnerungsfetzen aus dem persönlichen Leben knüpften wir die grossen Stränge der technischen Entwicklung, der aufbrechenden Bedeutung von Radio, Tageszeitungen bis hin zum Fernsehen. Andere Fragmente der persönlichen Lebensgeschichte wurden zum Anlass, moralische Vorstellungen und Normen der damaligen Zeit insgesamt näher anzuschauen, und ihre Wandlung bis zur Gegenwart zu verfolgen.

In fast allen Fällen, in denen es mir gelang, alten Menschen zu helfen, erinnernd die Zeitgeschichte, in der sie gelebt hatten, wieder zu entdecken, brach in diesen Menschen eines Tages mit grosser Wucht das Erlebnis durch: «Was war das doch für eine spannende, faszinierende Zeit, in der ich gelebt habe!» – und ganz eng damit verbunden das Gefühl: «Was hatte ich doch für ein spannendes Leben, wie war es spannend für mich, in einer solchen Zeit zu leben.»

Menschliches Leben ist nicht nur die Summe dessen, was wir als Menschen selber tun. «Seid fruchtbar, füllt die Erde und herrscht über die Vögel des Himmels und die Fische des Meeres.» (Gen 1). Der «homo faber», der Mensch als Macher ist zum fast alleinigen Leitbild erfüllten Menschseins geworden, jedenfalls in den Kulturräumen unserer jüdisch-christlichen Welt. Wir sind uns gewohnt, nur das als unsere Existenz zu erleben, was wir selber tun oder allenfalls noch was wir selber besitzen. Wie nur die Blume im eigenen Garten Freude macht, aber doch nicht jene in Nachbars Garten, weil sie uns nicht gehört. Im grossen «Welttheater» sind wir eh und je weitgehend nur Zuschauer, wir sind nur in ganz beschränktem Umfang, auch die Mächtigsten von uns, selber auf der Bühne. Aber es braucht die Zuschauer, der wache Zuschauer, der offene, kritische Zuschauer ist nicht weniger Mensch. Es ist gerade das Privileg des Menschen, die ganze Welt uneingegrenzt beobachten, fragend und hinterfragend anschauen zu können. Unser Wesen ist auch der «homo contemplativus» – derjenige, der eine Zusammenschau wagt. Die wenigsten dieser Menschen waren zeit ihres Lebens kontemplative Menschen, weder kontemplativ im Sinn einer eher beschaulichen, besinnlichen, innerlichen Lebensweise noch kontemplativ im eben beschriebenen Sinn.

Alte Menschen waren während Hunderttausenden von Jahren die Träger der Geschichte, sie waren das inkarnierte kollektive Gedächtnis, keine Bücher, keine Videos, keine Steintafeln, Skulpturen, sie waren die Gegenwart der Vergangenheit, damit auch die Träger von überlieferten Wertsystemen, von praktischem Wissen, von Phantasie, Interpretation der Vergangenheit.

Von der Gnade des Vergessens

Vergessen und Erinnern sind wie die beiden Ruder eines Bootes. Sie sind gleichermassen wichtig für die Möglichkeit menschlichen Lebens, der Entfaltung des Bewusstseins.

Ohne Erinnerung ist keine Orientierung, keine Identität, keine Verinnerlichung von Reaktionsmustern; ohne Erinnerung wäre der Mensch in jedem Augenblick mit einer unbekannten, unvertrauten Welt konfrontiert.

Aber das Vergessen ist ebenso wichtig. Bliebe alles in unserem Bewusstsein aktuell gegenwärtig, wäre kein Raum für Neues. Wir wären erdrückt, wie ein Computer, auf dem Millionen von Aufzeichnungen gleichzeitig auf Tausenden von Bildschirmen aufleuchten würden.

Vergessen bedeutet, dass Inhalte des Bewusstseins in den Hintergrund treten, auf die Festplatte abgespeichert und so zu impliziten Inhalten der Erinnerung werden. Als solche beeinflussen sie zwar weiter unser Fühlen, Handeln und unser Denken, aber im Bewusstsein, auf dem Bildschirm, sind nur einige wenige Dinge, die wir vorsätzlich abrufen, oder die sich spontan melden.

Das Vergessen ist eine absolute Notwendigkeit, damit wir uns orientieren können, damit wir wählen und werten können. Nur das Vergessen schafft den notwendigen Raum, auch zur seelischen Regeneration.

Die Fachleute streiten sich, ob überhaupt etwas absolut vergessen wird, also nicht bloss aus dem aktuellen Bewusstsein weggestellt, als implizite Erinnerung gespeichert wird. Wie Erhebungen zeigen, neigt eine Mehrheit der Psychologen und Psychotherapeuten dazu anzunehmen, dass gar nichts völlig aus dem Gedächtnis getilgt wird, dass auch die kleinsten und banalsten Ereignisse und Erfahrungen gespeichert bleiben und durch Zuhilfenahme entsprechender Abruftechniken wieder ans Tageslicht gebracht werden können. Die Neurologen hingegen sind aufgrund ihrer mehr auf die Physiologie abgestützten Untersuchungen mehrheitlich der Überzeugung, dass unzählige alltägliche und sich wiederholende Ereignisse in der Psyche allmählich so durch neue Engramme überlagert werden, dass sie als unwiderruflich ausgelöscht gelten müssen – vergleichbar etwa den Spuren wandernder Tierherden, die durch unzählige später darüber marschierende Tiere vermischt und bis zur definitiven Unkenntlichkeit verwischt werden. Was haben Sie zum Beispiel am 6. Juni 1986 zum Frühstück gegessen? Sie frühstücken jeden Tag, meistens dasselbe. Es ist Routine, immer wieder ähnliche Wiederholung und hat als solche keine besondere Bedeutung. Es sei denn, an diesem 6. Juni hätte während des Morgenessens das Telefon geklingelt und man hätte Ihnen gesagt, dass Ihr Sohn bei einem Motorradunfall sein Leben verloren habe. Dadurch wird auch das übliche Butterbrot wichtig, es bekommt einen bedeutsamen Kontext.

Alle Forscher sind sich einig, dass emotional stark aufgeladene Erfahrungen Engramme in der Psyche hinterlassen, die nie völlig verschwinden, und die nicht nur immer die aktuellen Reaktionen als energetisch aufgeladene Felder mitbestimmen, sondern auch als bewusste Erinnerungen an die Oberfläche treten können, abgerufen durch

systematisches Absuchen des zugehörigen Erinnerungs-
kontexts, oder durch Hinweiselemente, die zufällig den
betreffenden Zusammenhang stimulieren und zur bewussten Erinnerung führen.

Dramatische und traumatische Erfahrungen tendieren na-
turgemäss dazu, Erinnerungen zu hinterlassen, die nicht
nur als implizite Erinnerungen eine hohe Wirksamkeit im
Leben beibehalten und Gefühle und Reaktionen nachhaltig beeinflussen, sondern die auch spontan häufig ins
aktuelle Bewusstsein zurückkehren. Als bewusste Erinnerungen sind sie dann immer auch mit intensiven Gefühlen der Angst, der Trauer, der Scham, des Schreckens
belastet. Oft ist es nicht nur das Tagesbewusstsein, das
immer wieder von solchen Erinnerungen überschwemmt
wird, sondern auch die Welt der Träume, in denen der
Mensch diesen Erinnerungen und den dazugehörigen
Gefühlen noch hilfloser ausgesetzt ist. Nicht selten haben
Menschen mit solchen traumatischen Erfahrungen Angst,
überhaupt zu schlafen, weil sie wissen, dass sie dann
von ihren grauenvollen Erinnerungen heimgesucht werden.

Erinnerungen an traumatische Ereignisse sind immer
wieder eine Belastung. Sie bedrücken, sie engen ein, sie
blockieren einen beträchtlichen Teil der seelischen Energie. Die Seele vieler Menschen scheint sich vor der Be-
drängnis dadurch zu schützen, dass sie die Ereignisse völlig ausblendet und vergisst. Sie bleiben ohne Zweifel im
Unbewussten abgespeichert und üben ihren Einfluss aus,
aber sie stören den Alltag nicht, sie lassen Freiraum zu.

In der Bibel heisst es oft, dass Gott nicht vergisst. Er vergisst uns nicht, er lässt uns nicht im Stich, er vergisst seine
einmal gegebenen Versprechen nicht, er vergisst nicht,
dass wir in der Not seine Hilfe brauchen. Aber er vergisst
unsere Schuld und Missetat. Natürlich heisst dieses Vergessen nicht, dass er nicht mehr darum weiss; dieses Vergessen ist dasselbe wie Vergeben: Er weiss es sehr wohl,

aber er macht es uns nicht mehr zum Vorwurf, er hält es uns nicht mehr vor Augen, er bestraft uns nicht mehr dafür, er ist uns deswegen nicht mehr böse.

Dieses Vergessen ist nicht dasselbe wie das Verdrängen, ein neurotischer Vorgang, der letztlich der seelischen Entwicklung schadet, der den Fluss seelischer Energie blockiert, der die innere Freiheit vermindert.

Vergessen kann heissen: Ich weiss es nach wie vor sehr wohl. Aber ich kann es unbeachtet lassen. Heimliche Bitterkeit, abgewehrte Angst oder unterdrückte Wut bleiben damit nicht zurück. Es ist möglich, den Blick mit einer grossen inneren Gelassenheit abzuwenden; es bedrängt mich nicht und ich fühle mich auch nicht gedrängt, einen Mitmenschen dafür zu beschuldigen.

Vergessen heisst auch nicht, dass ich in dem vergangenen schrecklichen Ereignis einen Sinn erkenne. Dass alles seinen Sinn hat, erscheint mir oft eine künstliche, gewaltsame Behauptung, die viele traditionell gläubige, aber heutzutage auch viele esoterisch ausgerichtete Menschen sich und der Umwelt vorsetzen. Das wirklich Schreckliche besteht gerade darin, dass gewisse Untaten und Vorkommnisse ganz einfach keinen Sinn haben; sie sind zutiefst gegen das Leben gerichtet und daher sinnlos.

Oft werden traumatische Ereignisse vergessen, im Bewusstsein existieren sie nicht, aber sie behindern unablässig das seelische Leben, sie dämpfen die Fähigkeit zur Freude, sie mindern die schöpferische Energie, sie erweisen sich in zwischenmenschlichen Beziehungen, in der Sexualität, selbst im körperlichen Wohlbefinden als Bremsen, irrationale Ängste oder zwanghafte Abwehrreaktionen. Wenn das Vergessen traumatischer Ereignisse kombiniert ist mit den erwähnten oder ähnlichen Belastungen, handelt es sich um das, was wir als neurotische Verdrängung bezeichnen. Und es legt sich nahe, mit fachlich kompetenter Hilfe solche Vorkommnisse ins Bewusstsein zurückzuholen, damit sie dann eher wirklich losgelassen werden können.

Aber es gibt auch das Vergessen, das wir schlicht und einfach als Geschenk des Himmels oder der Seele dankbar entgegennehmen und unberührt stehen lassen sollten. Wir können nicht willentlich und vorsätzlich vergessen. Aber es gibt einen Prozess des Loslassens – oft ein langer Weg. Das Vergessen wird dann zur Vergebung, weil ich es einordnen kann in einen grossen Zusammenhang, im persönlichen Leben oder in der Geschichte, ich kann sogar hoffen, dass die Zerstörung zum Anfang eines neuen Aufbaus wird, oder ich kann das Sinnlose in seiner ganzen Sinnlosigkeit stehen lassen, als dunklen Teil der Wirklichkeit.

Vergessen geht einher mit der Ahnung, dass hinter dem Vorhang ungeheuerliche Dinge sind, die einfach zu gross sind, um bewältigt werden zu können. Vergessen schliesst das Wissen mit ein, dass es Erfahrungen gibt, die so tiefe Wunden hinterlassen, dass sie nie ausheilen, sondern immer eine Behinderung zurücklassen. Vor allem Therapeuten, Seelsorger und Sterbebegleiterinnen sollten mit Feingefühl unterscheiden, wann Erinnerungen für alte Menschen zu einem Lebensgewinn werden könnten und wann man sich vor dem Geheimnis verneigen sollte. Man sollte seine eigenen Ahnungen und Vorurteile, sein eigenes ungelebtes Leben nicht als Vorwand nehmen, Geheimnisse tiefer Traumatisierungen lüften zu wollen.

Wege und Hilfsmittel
zur sinnvollen Erinnerung im Alter

Meist braucht der alternde Mensch Hilfe, damit aus seinen spärlichen, isolierten Erinnerungsfragmenten eine vielfältige, schöpferische Erinnerungslandschaft wird. Ich vermute, dass in Zeiten, in denen es noch keine Massenmedien, keine Druckerzeugnisse, kein Radio und Fernsehen und noch viel weniger Computer und Internet gab, Menschen bei allen möglichen Gelegenheiten gemeinsam

Erinnerungen austauschten und so gegenseitig Erinnerungen wachriefen und zu einem ganzheitlichen Bild der individuellen und kollektiven Vergangenheit zusammenfügten. Das geschah an den langen Abenden ohne elektrisches Licht, an Festen, auf stundenlangen Fussmärschen, bei gemeinsamen Arbeiten. Da waren immer wieder grosse Zeiträume für gemeinsame schöpferische Erinnerung. Weil heute diese Erinnerungsoasen während des aktiven Lebens der meisten Menschen fehlen, wird die Erinnerung als Lebenslandschaft auch im Alter nicht mehr von selbst eine belebende und erfüllende Gegenwart. Die meisten älteren und alten Menschen sind darauf angewiesen, dass ihnen Angehörige, Freunde und Pflegepersonen helfen, vom spontan erinnerten Einzelereignis mit dem Scheinwerfer gezielter Fragen die ganze Umgebung abzuleuchten und bewusst Verbindungslinien zu ziehen zu den Eckpfeilern jener Geschichte, deren Zeuge und Mitspieler der betroffene Mensch war, zur Kultur, Politik, Wirtschaft und Religion einer Zeit.

Es gibt alte Menschen, die Erinnerungs-Mosaiksteine anbieten, deren Platz sie mit unserer Hilfe im grösseren Bild suchen möchten; und es gibt alte Menschen, die wir von aussen anstossen müssen, überhaupt zurückzuschauen auf den zurückgelegten Lebensweg. Ich meine, dass dies dann notwendig ist, wenn sich alte Menschen leer fühlen trotz eines meist reichen Angebots von Gegenwartsmöglichkeiten, oder wenn alte Menschen in einer diffusen und allgemeinen Weise unzufrieden sind mit dem Leben, das sie hatten. Dann könnten die explizite Aufforderung und Hilfestellungen, mit wachen neugierigen Augen die eigene Geschichte zu durchforsten, zu einer Fundgrube neuer Sinnerfahrung werden.

Aufgrund meiner eigenen Erfahrung meine ich feststellen zu können, dass immer mehr ältere und alte Menschen eine längere Psychotherapie oder Psychoanalyse machen.

Der hauptsächliche Sinn solcher Altersarbeit an der Seele ist meines Erachtens nicht das Aufspüren und Bearbeiten früher Verletzungen. Es ist ebenso wenig der einseitige Blick auf die noch verbleibende Zukunft und die Auseinandersetzung mit dem Tod. Für alte Menschen kann Analyse Hilfe zur Wiederentdeckung ihrer Vergangenheit werden, Hilfe zur Erkenntnis von Zusammenhängen und Entwicklungslinien und zum Verständnis für die Um- und Irrwege der eigenen Lebensgeschichte. Wenn das vergangene Leben als reich, vielfältig und sinnträchtig erinnert wird, ist auch die Gegenwart des alten Menschen erfüllter und der endgültige Abschied vom Leben als natürliche Vollendung gelebten Lebens selbstverständlicher. Für manche alte Menschen wird die bewusste grossräumige und vielfältige Erinnerungsarbeit auch zur Versöhnung mit der Vergangenheit des eigenen Lebens; und erst aus dieser Versöhnung heraus gibt es inneren Frieden für die Gegenwart und Zukunft. Das gilt unter anderem für Menschen, die in ihren Gefühlen mit buchhalterischer Akribie über Jahrzehnte all das aufgelistet haben, was ihnen in ihrem Erleben andere Menschen je Böses angetan haben.

Erinnerungshilfen

Gegenstände

Sinnlich-konkrete Erinnerungshilfen erweisen sich als besonders wirksam. Vor ein paar Jahren war in unserem Dorf eine Ausstellung mit Gegenständen des Hausgebrauchs, der Landwirtschaft und des gewerblichen Betriebs, die früher verwendet wurden, aber heute nicht mehr in Gebrauch sind. Ich hätte es kaum für möglich gehalten, was ein altes Waschbrett und eine Kernseife, wie sie von meiner Mutter wohl bis Ende der 40er- oder anfangs der 50er-Jahre gebraucht wurden, an Erinnerungen weckt, Erinnerungen an Gerüche von kochendem

Wasser im Waschhafen, an das Knistern und knallende Bersten des Holzes, an das mühsame Auswinden von Leintüchern und das Aufhängen der Wäsche an der zwischen Bäumen und Bohnenstangen gespannten Leine. Nicht weniger Erinnerungen weckten das Butterglas, der Steingut-Mostkrug, die farbigen Garbenbändel und so weiter. Da wurde die Getreideernte mit der unerträglichen Hitze und den zerstochenen Füssen und zerkratzten Beinen wieder gegenwärtig, der Lärm und Staub beim Dreschen, die Winterabende beim Familiengebet im Schein der einzigen nackten Lampe über dem runden Tisch in der Werktagsstube.

Die Gegenstände, die alte Menschen in ihrem Zimmer oder in ihrer Wohnung haben, können uns ärgern, weil sie den spärlichen Platz «vollstellen» und Staubträger sind. Aber genau diese Gegenstände könnten in den meisten Fällen zu wertvollen Brücken werden in die Vergangenheit dieser Menschen. Gegenstände früherer Zeiten sollten alten Menschen wenn immer möglich nicht weggenommen werden. Sie sind ein Stück materialisierter Erinnerung, und sie könnten von den Bezugspersonen benützt werden als Wege zur schöpferisch-bereichernden Erinnerung.

Fotografien

In der Therapie höre ich nicht selten von Menschen, sie hätten so gut wie keine Erinnerungen an ihre Kindheit und Jugend. Und nicht wenige äussern deswegen auch ein vages Bedauern, weil sie spüren, dass diese Zeit, die doch auch ihr Leben ausmachte, sich wie eine grosse Leere anfühlt. Oft muntere ich diese Menschen auf, alle Fotografien, die sie über diese Zeit auftreiben können, mitzubringen. Auf Fotografien werden zwar fast immer nur besondere Situationen und Ereignisse festgehalten: Geburtstage, Feste, Ferien. Und doch wecken solche Fotografien bei den Betroffenen fast immer eine Fülle vielfältigster Erinnerungen, die nach allen denkbaren Richtungen über das abgelichtete Ereignis hinausführen und so zu einer unschätzbaren Hilfe bei der Entdeckung der frühen Lebenslandschaft werden.

Tagebuch

Was für die einen Menschen Fotografien als Erinnerungshilfen sind, bringen anderen Tagebücher aus früheren Jahren. Alte Menschen sind mitunter tief beeindruckt, wie sich schon in Aufzeichnungen aus ihrer Pubertät oder Adoleszenz die gleichen Grundeinstellungen und Sinnziele finden, die sie auch mit 70 oder 80 Jahren noch als ihre Lebensdominanten erkennen.

Erinnerungsrituale

In den Traditionen der Religionen, insbesondere auch im Christentum, wird die Erinnerung an die für die Gläubigen wichtigen Ereignisse der Vergangenheit immer gemeinsam gefeiert. Die Gemeinschaft verlebendigt die Erinnerung. In einer Gruppe ausgetauschte Erinnerungen wecken in den Zuhörerinnen und Zuhörern immer neue Erinnerungen. Die Erinnerungen werden zur erlebten Zusammengehörigkeit, und die Zusammengehörigkeit macht die mitgeteilten Erinnerungen für die Einzelnen wirklicher und wirksamer. Viele kennen diese Erfahrung von Klassentreffen her. Dabei bleiben die bei solchen Anlässen ausgetauschten Erinnerungen oft auch auf wenige Inseln anscheinend besonders lustiger oder makabrer Ereignisse und Erfahrungen mit Lehrern, Lehrerinnen Mitschülern und Mitschülerinnen beschränkt.

Bei hochbetagten Menschen versinken allerdings auch solche gemeinschaftlich begangenen Erinnerungsfeste rasch wieder im Dunkel der reduzierten Gedächtniskraft. Darum wäre es für viele nur sinnvoll und hilfreich, solche

Erinnerungsliturgien mit einer gewissen periodischen Wiederkehr zu begehen; Geburtstage und andere Jahrestage, Silvester oder Niklaus und manche Feiern in der Familie oder im Altersheim können hierfür Anlass sein.

Das Erinnerungsbuch

Vor bald 20 Jahren erzählte mir eine Bekannte vom bevorstehenden Geburtstag ihres 80-jährigen Vaters. Da ich die Frau schon einige Jahre kannte, wusste ich um ihre schwierige Beziehung zu beiden Elternteilen. Mit dem Vater war der Kontakt seit Jahrzehnten sehr gespannt. Persönliche Gespräche mit ihm hatte es so gut wie nie gegeben. Seit ihrer Kindheit erinnerte sie ihren Vater nur als einen einseitig leistungsorientierten Menschen, der sich für nichts anderes interessierte als für ihre beruflichen Erfolge. Das wiederum hatte schon lange dazu geführt, dass meine Bekannte mit ihrem Vater überhaupt nicht mehr über ihre beruflichen Positionen und Erfahrungen sprach. Es blieb bei jährlich ein bis zwei Pflichtbesuchen im Elternhaus, fast immer nur kurze Visiten von wenigen Stunden, die mit Essen und ein paar allgemeinen Floskeln gefüllt und eher schlecht als recht überstanden wurden. Meine Bekannte schilderte ihren Vater als einen fast immer mürrischen und schlecht gelaunten Menschen. Mit zunehmendem Alter, so war ihre Wahrnehmung, wurde er immer unzufriedener mit allem, was sein Leben ausmachte. Er klagte fortdauernd über alle und alles; in Staat und Kirche war nichts recht; die Menschen insgesamt wurden immer egoistischer und schlechter; die Schönheiten dieser Erde wurden systematisch zerstört. Sein eigenes Leben erschien ihm als eine einzige grosse Enttäuschung und Frustration. Und nun wurde dieser Vater 80 Jahre alt. Sollte sie überhaupt hingehen und sich einen Tag lang seiner Bitterkeit und seinem ätzenden Zynismus aussetzen? Was sollte sie ihm schenken? Es war von vornherein klar, dass er von jedem Geschenk sagen würde, dass es überflüssig sei und er diese Dinge nicht mehr brauche. Gab es etwas, das helfen würde, diesen Tag in Anstand zu überstehen? Sie war seine Tochter, seinen Geburtstag einfach zu ignorieren, schien ihr auch unerträglich. Irgendwer machte sie auf die Möglichkeit aufmerksam, das zu schenken, was bei solchen Gelegenheiten öfter mit gutem Erfolg eingesetzt werde. Sie könne eine kleine Zeitung oder Broschüre zusammenstellen, welche ein paar der herausragenden Ereignisse und Tätigkeiten im Leben des Vaters präsentiere. Erfahrungsgemäss könne dies auch dazu beitragen, an der besagten Geburtstagsfeier zwanglos das eine oder andere unverfängliche Gesprächsthema zu finden.

Meine Bekannte machte sich an die Arbeit. Schon bald einmal musste sie feststellen, dass sie so gut wie gar nichts über ihren Vater wusste. Selbst für ein paar wenige Seiten würden ihre eigenen Erinnerungen nicht ausreichen. Also begann sie die Mutter zu befragen. Die einseitigen und auch nicht sehr reichlichen Informationen motivierten sie, auch noch weitere Verwandte in ihre Recherchen einzubeziehen: die noch lebenden Geschwister des Vaters – glücklicherweise gab es sie noch – Vettern, Neffen und Nichten. Der Kreis weitete sich rasch aus, je mehr sie erfuhr, umso spannender und interessanter wurde ihre Arbeit. Was sich anbahnte, war eine abenteuerliche Entdeckungsreise. Schliesslich zog sie auch Bekannte und Freunde, jetzige und frühere Nachbarn und Mitarbeiter des Vaters in ihre «Sondierbohrungen» mit ein. Viele erzählten ihr spontan nicht nur über den Vater, sondern auch über die Zeit, in der er gelebt hatte: vom ersten Weltkrieg, den Nachkriegsjahren, dem zweiten Weltkrieg und der Zeit danach. Ihre Informanten berichteten meiner Bekannten von den politischen Umwälzungen, den technischen Entwicklungen, den wirtschaftlichen Nöten, der Rolle der Kirche. Nach zwei Monaten musste sie ihre Geburtstagsfestschrift abschliessen. Sie tat es mit grossem Bedauern, denn eigentlich war sie noch mitten drin. Wenn es die Zeit zugelassen hätte, wäre sie noch so gerne weiter auf ihrer Entdeckungsreise geblieben. Das Dokument, das sie dem Vater am Geburtstag überreichen konnte, war 80 A4-Seiten stark geworden, natürlich auch illustriert mit Fotografien, alten Zeitungsausschnitten und anderen Dokumenten aus den verschiedenen Jahrzehnten.

Zum ersten Mal im Leben hatte meine Bekannte den Eindruck, dass sie ihren Vater kannte, oder besser, dass sie gerade erst richtig angefangen hatte, ihren Vater kennenzulernen. Sie erwartete mit Ungeduld den Augenblick, wo sie ihrem Vater die Geschichte seines Lebens überreichen konnte, und wo sie mit ihm über 100 der von ihr aufgefundenen Ereignisse und Bereiche seines Lebens reden wollte. Der Vater war für sie zu einem Menschen geworden, zu einem Menschen mit vielen Facetten und Farben. Bisher hatte sie ihn nur als Vater und vielleicht noch ein bisschen als den Mann ihrer Mutter gesehen. Und beides war in ihren Augen und in ihrer Erfahrung höchst unerfreulich. Und mehr gab es nicht. Natürlich wusste sie mit dem Kopf, dass dieser Mann auch ein fähiger Politiker gewesen war, dass er von vielen als zuverlässiger Freund und hilfsbereiter Mitmensch geschätzt wurde. Natürlich war ihr bekannt, dass er Musik liebte, zahllose Bücher las – aber das alles zählte nicht wirklich, es blieb ausserhalb ihres Erlebnishorizonts, für ihr Gefühl, ihre seelische Wahrnehmung gab es diesen Mann nicht. Im grossen Kreis dieser Existenz gab es für sie jetzt nicht mehr nur ein oder zwei Sektoren; es war ihr, als ob sie jetzt 360 Grad überblicken und emotional abschreiten konnte. Die Erinnerung an diesen Mann als Vater blieb nach wie vor schmerzlich; aber dieser Schmerz war eingebettet in Gefühle, die von Achtung, Bewunderung, Erstaunen, Respekt und sogar mit humorvoller Freude getragen waren.

Der Vater selber nahm an seinem Geburtstag die Festschrift seines Lebens überrascht und doch schon sichtbar stolz entgegen. In den kommenden Tagen, Wochen und Monaten nahm er sie immer wieder zur Hand, nicht in narzisstischer Selbstbeweihräucherung – der Text deutete auch unverhohlen manche seiner Schwachstellen und Grenzen an, aber im grossen Kontext blieben sie erträglich und sie machten alle anderen Aussagen umso glaubwürdiger. Die Lektüre seiner eigenen Biografie wurde auch für ihn zu einer Entdeckung, die seinem Alter Sinn und Zufriedenheit brachte. Der alte Mann veränderte sich innerhalb eines halben Jahres so sehr, dass die Tochter ihre Eltern zum ersten Mal seit Jahrzehnten zu sich in ihre Wohnung einzuladen wagte. Sie blieben 14 Tage! Vor diesem Geburtstag hätte sie sich nicht vorstellen können, mit ihren Eltern zwei Tage unter dem gleichen Dach zu leben.

Die Erinnerung wurde für den alten Mann und für die Tochter zu einer therapeutischen Erfahrung, und dies ohne professionelle Hilfe. Die «strategisch» ausgeweitete Erinnerung erlöste zwei Menschen aus der Gefangenschaft in der Enge weniger Lebensfragmente, die bislang den ganzen seelischen Raum emotional belegt und beherrscht hatten.

Es wäre naiv anzunehmen, dass eine ganzheitlichere Erinnerung an die vielfältigen Lebensaspekte zwangsläufig zu diesem Frieden mit sich und der Welt führt. Vor allem ist längst nicht immer damit zu rechnen, dass die Wirkung so nachhaltig bleibt. Aber meine Erfahrung bestätigt mir immerhin, dass die Begegnung mit der eigenen Biografie, in der Vielfalt und Farbigkeit ihrer Aspekte, und die Zusammenschau des eigenen Lebens mit den grossen Geschehnissen im Weltganzen, fast immer wenigstens vorübergehend eine innere Weite schafft, die als erlösend erlebt wird. Die grossräumige und konkrete Erinnerung trägt auch fast immer dazu bei, die Unzufriedenheit über die momentane Lebenssituation und die Enttäuschung über das Leben als Ganzes wenigstens zu mildern und ein inneres Klima der Fülle des Daseins zu schaffen.

Die junge Generation erarbeitet für ihre alten Väter und Mütter anstatt der altmodischen Erinnerungsillustrierten heute häufig mit dem Computer eine Homepage auf dem Internet, von der ich schon mehr als einmal gehört habe, sie sei das wertvollste Geschenk, das sie je bekommen hätten, weil es ihnen zur Entdeckung des eigenen Lebens in seinem Reichtum geholfen habe.

Nachwort

Das letzte Kapitel von Martin Odermatts Manuskript enthält noch eine ganze Liste mit weiteren Hinweisen auf sogenannte «strategische Abrufreize». Mit Sicherheit verfolgte er die Absicht, noch mehr Möglichkeiten aufzuzeigen, wie vor allem in der professionellen Altersarbeit die Schau in die Vergangenheit gezielt gestaltet werden kann. Da es sich auch hier grösstenteils nur um stichwortartige Aufzeichnungen handelt, habe ich mich entschieden, auf diese ebenfalls zu verzichten und nur die ausformulierten Gedanken zu den Erinnerungshilfen für sich stehen und wirken zu lassen Die lebendigen und praxisnahen Beispiele, welche er im Buch immer wieder ausführlich darlegt, werden der interessierten Leserin, dem interessierten Leser genügend Anreiz geben, selber Ideen zu entwickeln und Wege zu finden, um Erinnerungsarbeit in seinem Sinn anzuwenden. Ich erlaube mir jedoch, zwei ganz unterschiedliche Beispiele aus meiner eigenen Berufspraxis anzuführen:

Vor einigen Jahren gestalteten die Verantwortlichen des lokalen Ortsmuseums eine Ausstellung zum Vereinswesen aus der ersten Hälfte des letzten Jahrhunderts. In unserem Alterszentrum wurde den betagten Bewohnern eine dazugehörige Diaschau vorgeführt. Noch selten habe ich eine so gut besuchte Veranstaltung erlebt. Immer wieder hörte ich Ausrufe wie: «He, das bist doch du, Karl, weisst du noch …!» Ein Lichtbild zeigte den hiesigen Töchterchor. Darauf waren sicher 40 bis 50 junge Frauen abgebildet. Eine hochbetagte Bewohnerin meldete sich ganz aufgeregt: «Seht mal, die junge Frau dort, das bin ich und stellt euch vor, ich bin die Einzige, die noch lebt!» Noch Tage danach hörte ich, wie Bewohnerinnen und Bewohner lebhaft Erinnerungen austauschten, welche durch diese äusserst wertvolle Diaschau ausgelöst worden waren.

Als zweites Beispiel lasse ich Sie an einer Begegnung auf der Pflegestation teilhaben. Auf meinem morgendlichen Rundgang bat mich ein junger Pflegefachmann darum, eine Bewohnerin zu kämmen, weil er das nicht so gut könne. Ich begab mich ins Zimmer der betagten, zeitweilig etwas verwirrten Frau und unterhielt mich zuerst eine Weile mit ihr. Während ich dann mit Kamm und Bürste durch ihre langen, feinen Haare fuhr und einen Zopf zu flechten begann, sprudelte es plötzlich aus ihr heraus: «Ja, wissen Sie, ich war Coiffeuse von Beruf. Dank dieser Ausbildung konnte ich nach meiner Scheidung mich und meine beiden Kinder durchbringen.» «Das muss eine harte Zeit für Sie gewesen sein», stellte ich fest. Mit Tränen in den Augen erzählte sie mir mehr über diese Zeit und schloss mit den Worten: «Aber ich bin dankbar, dass ich meine Kinder grossziehen konnte und ich bis heute eine gute Beziehung zu ihnen habe.» Ich weiss nicht, was der eigentliche Auslöser für dieses Erinnerungsfragment war. Wann immer ich dieser zierlichen, beinahe unscheinbaren Frau nach diesem Gespräch begegnete, empfand ich ein besonderes Gefühl von Achtung und Respekt vor ihr. Ich kann nur erahnen, wie viel Mut und Kraft vonnöten waren, um damals als geschiedene Frau das Leben zu meistern.

Mit «Faszination Erinnerung» hat Martin Odermatt einen überaus wichtigen Beitrag für unsere Gesellschaft geleistet: Erinnerungsarbeit, so wie er sie uns lehrt, hilft dem Menschen, im Einklang mit sich selbst alt zu werden.

«Leben ist Erinnerung!» Ich schicke dieses Buch mit der Genugtuung auf den Weg, dass diese Botschaft weitergetragen wird. Und mit einem Blick zurück bleibt die dankbare Erinnerung an Martin Odermatt.

Männedorf, an Ostern 2008   Susanne Cornu